日本の名字

あなたのルーツが名字でわかります。

自分の名前の由来は、両親に尋ねると何かしらの答えが返ってきます。しかし、名字の由来は両親に聞いてもまずわからないことが多いのです。一生のうちに何千回、何万回と名乗る自分の名字ですが、その由来については学校で教えてもらうことはありません。しかし、名字は数代前の先祖が明治の初めに適当につけたものではなく、農民も含めて多くの人が江戸時代から名字を持っていたことが今ではわかっています。つまり、名字には、先祖から代々伝えられてきたルーツや生き様が込められており、その由来を知ることで、一族の来歴をもひもとくことができるのです。
──森岡 浩（姓氏研究家）

詳しくはP90

勝楽寺 蔵

CONTENTS

知っておきたい
日本の名字
名字の歴史は日本の歴史

表紙デザイン　金子りえ

名字の基本から
珍しい名字の成り立ちまで
名字のことがよくわかる

【Part 03】日本の名字ベスト500

絵巻でざっくりわかる
名字の歴史

なぜ、日本では名字を名乗るようになったのでしょう？
この理由をざっくりと知るために、日本の代表的な絵巻を見ながら解説します。

History of MYOUJI

『紫式部日記絵巻』五島本第三段　絵　(部分　五島美術館 蔵)

平安時代、

朝廷は

藤原氏ばかりに

なってしまいました。

絵は『紫式部日記絵巻《むらさきしきぶにっきえまき》』の第三段部分です。作者は平安時代の文筆家で歌人の紫式部。『源氏物語』の作者ともされます。彼女は藤原北家《ほっけ》の生まれで、権勢を誇った藤原道長の娘、中宮彰子《ちゅうぐうしょうし》に仕えました。また、よく対比される清少納言《せいしょうなごん》も同時代の人で、彼女が仕えたのは中宮の藤原定子《ていし》。どこを見ても藤原姓ばかりで、姓だけでは不便でした。

絵巻でざっくりわかる

名字の歴史

History of MYOUJI

【『平家物語』に見られる名字】

伊賀、多田、手島、太田、武蔵、石河（石川）、宇野、山本、柏木、
錦古里（錦織）、山田、河辺、泉、浦野、安食、木太（木田）、開田、矢島、逸見、武田、
加賀美、一条、板垣、安田、大内、岡田、平賀、木曽、佐竹など

『平家物語絵巻』 巻第九（下）敦盛最後の事（一）（部分　林原美術館 蔵）

源平合戦の時代
名字を名乗る
武将も活躍

　これは『平家物語』の平敦盛《たいらのあつもり》の場面。平氏の若武者、敦盛《あつもり》を源氏方の武将、熊谷直実《くまがいなおざね》が追っています。敦盛の方は姓の「平」で記されているのに対し、直実の「熊谷」は名字。実は熊谷直実の姓も「平」です。東国を中心に台頭した武士の多くは源氏、平氏、藤原氏の姓であり、これでは個人を特定しにくく、領する地名を名乗ったのです。

絵巻でざっくりわかる

名字の歴史

History of MYOUJI

戦国乱世の時代
武将は名字を
名乗りました。

絵は『関ケ原合戦図屏風《せきがはらかっせんずびょうぶ》』。細かく見ると、それぞれの人物の名前も書かれています。この時代になると、姓を名乗る武将はほぼいません。徳川家康も姓は源氏を称していましたが、もっぱら名字や官職で呼ばれました。この時代、例外的に姓を名乗っていたのが豊臣秀頼《ひでより》ですが、彼はこの戦には参加しませんでした。

【 東軍 】

徳川家康、前田利長、伊達政宗、加藤清正、福島正則、細川忠興、浅野幸長、
池田輝政、黒田長政、加藤嘉明、田中吉政、藤堂高虎、最上義光、
山内一豊、蜂須賀至鎮、本多忠勝、寺沢広高、生駒一正、井伊直政、など

『関ケ原合戦図屏風』（部分　関ヶ原歴史民俗資料館 蔵）

【西軍】

毛利輝元、上杉景勝、佐竹義宣、島津義弘、宇喜多秀家、石田三成、小西行長、増田長盛、小川祐忠、大谷吉継、脇坂安治、安国寺恵瓊（安国寺は自分の寺の名）、小早川秀秋、織田秀信、長宗我部盛親、吉川広家、長束正家、毛利秀元、真田昌幸、など

※合戦開始時の陣営で示しています

『東京銀座煉瓦石繁栄之図・新橋鉄道蒸気車之図』（部分　都立中央図書館特別文庫室 蔵）

絵巻でざっくりわかる

名字の歴史

History of MYOUJI

【江戸時代の農村の名字例】

小川・武松・浅見・増田・藤野・平沢・川久保・中里・宮沢・若林・宮崎・

野村・久下・吉沢・富田・立川・比留間・清水・加藤・向坂・田中・内山・高木・

関口・青木・師岡・原嶋・金子・竹内・尾崎 ▶ 詳しくはP31

江戸時代から明治になって今の名字となりました。

江戸幕府は武家や公家以外の庶民には名字を名乗ることを基本的に禁じていました。しかし、実際には庶民も名字を持っており、公式に使わないだけでした。絵の明治時代に入ると、庶民も名字の使用が許され、後に強制されるようになります。このとき、戸籍に記載された名字が現在にも続いているのです。

基本15

藤原じゃ

PART_01

Myouji The Basic

これだけでわかる 名字の

名字と名前といえばわかりやすいのですが、
ときには氏名や姓名などともいいます。また、「ウチは源氏」などと
名字と違う姓を口にしたりもしますね。
その姓とはなんなのでしょう? そして、名字はどのように
できたのでしょう。ここでは名字の基本的な歴史、
分類などを解説してみます。

田中だわ

徳川 次郎三郎
源家康である

名字の基本
▼
01

Q 名字はむかしからあったの？

↓

A
むかしむかしは
名前だけ
後に名字ではなく
姓を使いました

卑弥呼さまの使いで来た難升米《なしめ》です！

卑弥呼が中国の魏に送った使節。当時は名前だけだった？

邪馬台国での名前は？

むかしむかし、例えば邪馬《やま》台国《たいこく》に卑弥呼《ひみこ》がいた時代は、日本人には名字のようなものはなかったのかもしれません。

邪馬台国のことが書かれた中国の歴史書『三国志』には、卑弥呼が送った外交官の名は難升米《なしめ》（もしくは「なんしょうまい」）で副使は都市牛利《としごり》と記されています。漢字は中国側による当て字ですが、どちらにせよ名字（姓）と名前の

PICK UP!

Myouji The Basic Part_01

【古代氏族の姓】

□ 土地に由来する姓

出雲氏（いずもうじ）	出雲の国が本拠地
蘇我氏（そがうじ）	大和か河内の地名とする説（諸説あり）
葛城氏（かつらぎうじ）	大和の葛城山《かつらぎさん》地方を本拠としました
紀氏（きうじ）	紀国《きのくに》を本拠としました

□ 政権内での役割に由来する姓

物部氏（もののべうじ）	兵器の製造などから軍事方面を担当
大伴氏（おおともうじ）	伴造《とものみやつこ》（役人を出した豪族）の大きなものの意
安曇氏（あずみうじ）	海に関わりが深く、漁業にはじまり、そこから外交も担当

□ 海外から来た渡来系の姓

東漢氏（やまとのあやうじ）	中国系渡来人とされる氏族
秦氏（はたうじ）	朝鮮半島の百済《くだら》系渡来人とされる氏族
百済王氏（くだらのこにきしうじ）	百済滅亡後に渡来した氏族

組み合わせではなさそうです。

しかし、中国では当時から姓《せい》と名の組み合わせが普通。当時の中国魏《ぎ》国の皇帝も曹叡《そうえい》といい、曹が姓で叡が名です。

この後も中国との外交は続き、姓の必要性を感じたのでしょう。日本史の教科書にも出てくる蘇我《そが》氏や物部《もののべ》氏といった氏族《しぞく》が登場します。

当時の日本はこれら有力豪族が大王家（天皇家）を支える連合国家でした。豪族たちは政権内で各々役割を担当し、大王家はこれに合わせて「姓《せい》」を与えたのです。「物部」の氏族は軍事を担当、「出雲《いずも》」は出雲の国が本拠の地方豪族、という感じです。

こうして日本には姓が生まれましたが、実は姓と名字は少し性質が違うものなのです。

名字の基本 ▼ 02

Q 姓はどうやってつけたの？

↓

A 姓は天皇からもらうもの、という形式でした

多武峯縁起絵巻　談山神社 蔵

蘇我入鹿を暗殺する中大兄皇子（後の天智天皇）と中臣鎌足。
大化の改新の功績で鎌足は藤原姓を与えられました。

天皇には姓がない

天皇から姓《せい》を与えられるようになった日本ですが、では、天皇の姓は何なのでしょう。

実は天皇は姓を与える側だから姓がないのです。これは今でも同様で、普通の人の名字に当たる部分がありません。

中国の場合、劉邦《りゅうほう》が建てた漢《かん》では、代々皇帝は劉姓でした。朱元璋《しゅげんしょう》が建てた明《みん》なら、朱姓と王朝が変わると皇帝の姓も変わるという制度、とい

PICK UP!

Myouji The Basic Part_02

【四姓とされる姓】

平氏（へいし）

源氏同様に何度か与えられた姓ですが、桓武《かんむ》天皇の孫に与えられた桓武平氏以外の流れは早くに衰退しています。桓武平氏の中で坂東《ばんとう》地方に勢力を誇った一族が武士化して繁栄。平将門《たいらのまさかど》、これと争った貞盛《さだもり》らを出します。この貞盛から平清盛らの平家につながるのです。

源氏（げんじ）

鎌倉幕府を開いた源頼朝など武家の中心となった姓。頼朝の源氏は清和《せいわ》天皇の皇子らから出ましたが、それ以外の天皇も源姓を与えており、血統的には別になります。源氏物語は架空の物語ですが、その主人公の光源氏も、これら清和源氏以外の源氏がモデルです。

橘氏（たちばなし）

708年に県犬養三千代《あがたいぬかいのみちよ》という女官が元明《げんめい》天皇から「橘宿禰《たちばなのすくね》」という姓を与えられ、『万葉集』編纂者のひとりともされる、子の葛《かつら》城王《ぎのみこと》が橘諸兄《たちばなのもろえ》を名乗ります。この子孫が橘を名乗り、多くの公家を輩出しましたが、平安時代の中ごろ以降は廃れてしまいました。

藤原氏（ふじわらし）

源平と異なり、藤原が与えられたのは、中臣鎌足のとき一度だけです。しかし、鎌足とその二男である藤原不比等《ふひと》が朝廷内で大きな権力を握り、この不比等の子から藤原四家が出て繁栄していきます。中でも不比等の次男の房前《ふささき》から続く北家《ほっけ》は巨大な勢力となりました。

うか考え方があります。ですが日本ではこれがなく、天皇にはずっと姓がないのです。

　さて、天皇には多くの血縁者がおり、すべてを皇族にしておくわけにはいきません。そこで臣下にするため、その人には姓が必要になります。「平《たいら》」「源《みなもと》」「橘《たちばな》」といった姓が、このときに使われました。

　また、大化の改新を成功させた功績で天智《てんじ》天皇（中大兄《なかのおおえの》皇子《おうじ》）は中臣鎌足《なかとみのかまたり》に藤原姓を与えました。この鎌足の血統は、その後に大きな力を持ちました。

　こうして古代の氏族の姓は徐々に少なくなり、「源」「平」「藤原」「橘」が多い時代が訪れます。このため、姓といえば「源平藤橘《げんぺいとうきつ》」と考える人も多いのですが、当然、ほかの姓も残ってはいました。

名字の基本
▼
03

Q なぜ、姓でなく名字になったの？

↓

A 同じ姓ばかりになり誰だかわからなくなったからです

朝廷では藤原氏が勢力を伸ばし、藤原氏ばかりになりました。

区別するためのもの

そもそも姓を名乗るのは、どこの誰だかを区別するため。

しかし、平安時代以降、時代が進むと、同じ姓から有力者が続々と登場する傾向が強くなります。朝廷の場合、藤《ふじ》原《わらの》不比等《ふひと》から連なる藤原氏が多くの官職を独占していきます。天神様として有名な菅《すが》原《わらの》道真《みちざね》などはこれに対抗しようとした人物ですが、藤原氏との政争に敗れ、大宰府《だざいふ》に

PICK UP!

Myouji The Basic Part_03

【源氏と平氏も増えました】

太郎は長男を意味します。平氏、源氏がどんどん分家していくと平太郎と源太郎もどんどん増えます。これでは不便ですね。このため名字が生まれるのです。

左遷されます。結局、朝廷は藤原だらけになります。

また、関東地方などでは、桓武平氏《かんむへいし》、清和源氏《せいわげんじ》の一族が大荘園を開墾し、支族を伸ばします。あっちもこっちも源氏、平氏の分家が乱立し、これが後に武家となったのです。

こうなると姓だけでは区別ができません。そこで新しい区別の方法が登場します。それが天皇からもらうのでなく、自分たちで名乗る名字です。

ちなみに、姓と名前を名乗るときは間に「の」が入るのが普通で、源頼朝は「みなもと〝の〟よりとも」、平清盛も「たいら〝の〟きよもり」です。これが名字と名前の場合、「徳川家康」は「とくがわいえやす」で「の」は入りません。これが姓と名字の基本的な見分け方です。

名字の基本
04

Q 名字はどのようにつけられたの?

今でも同じ名字が集まる冠婚葬祭の場では、地名で呼び合うことがありますね。

↓

A 「大阪のおじさん」的に出現 地名から生まれた名字

住んでいる場所で呼ぶ

平安時代の中頃になると、姓だけでは区別がつかない事態になりました。そこで、別の区別の方法が発生します。

今でも同じ名字の人が集まる冠婚葬祭の席などでは、「大阪のおじさんは元気?」などと呼び合うように、その人が住む地名で分けたのです。

藤原家ならば、京の九条通にいるから「九条さん」、鷹《たか》司小路《つかさこうじ》に屋敷があるから「鷹

Myouji The Basic Part_04

【藤原氏の名字】

公家を輩出した藤原氏は基本的に京に在住。このため、京の通りの名前が名字となりました。

司さん」。平氏ならば、三浦半島に住み着いたから「三浦さん」、千葉が領地だから「千葉さん」となりました。

これが一般化していったのが、現在の名字といえます。

さて、現在も残る地名由来の名字には、今でいう大字《おおあざ》規模（都市ならば町名です）の地名由来のものがとても多く、それくらいが支配単位だったといえます。前述の千葉さんにしても、千葉県という意味ではなく、千葉市の一部にあった千葉荘《ちばのしょう》を意味します。

逆に地名由来であっても、「加賀さん」など旧国名由来のものは、「加賀屋」など屋号由来のものが多いのです。一国を領するほどの一族も少ないですし、そこまで広いと住む人も多く、区別できないためです。

Q 同じ土地に多くの家があったら?

山の多い日本では、これに関する名字も多いのです。山のどこに住むかで名字が変わります。

↓

A 地名だけで分けられなければ地形からも名字は生まれます

住む場所の地形から

時代が進むと、ひとつの集落に暮らす人の数も増えていきます。そうすると、「どこの誰々さん」だけでは、個人を特定できません。そこで、その人がいる場所の地形で判別するようになりました。日本人は盆地に住む文化ともいえますので、そこに見られる地形の名字が出てきます。

たとえば、盆地には山がつきものですので、山のふもと

PICK UP!

Myouji The Basic Part_05

【地形由来の名字によく使われる文字】

□ ランドマークとしての地形の例

山	山やその近くに住む人の名字に使われます
川	川の近くに住む人の名字に入ります
池	治水のための池は各地にあり、その近くの名字に

□ 地形の変化を示す例

塚	墓ではなく、土が盛り上がった場所を指します
窪	周囲より低くなっている場所。「久保」に転じました

□ より細分化された地形の例

沢	山の中の川を意味します
瀬	川の中で流れが速い部分です
淵	川の中で流れが遅い部分です
井	井戸よりも、水を汲む場所の意味が強いです

□ 人との関わりを示す例

田	開墾された田のこと
畑	開墾された畑のこと
森	開墾されていない土地の中で木の多い場所
林	規模の小さい森
原	水田化されていない平地
野	水田化された平地

に住んでいれば「山本さん」です。山の中腹ならば「山中さん」となります。また、「崎」という文字は山の稜線《りょうせん》が切れる部分をいうので、そのあたりに住む人は「山崎さん」です。

人が住むには水が必要です。このため、川は重要なランドマークとなります。「小川さん」「大川さん」という川の規模で分けるだけでなく、山中の川である「沢」や、流れの速い「瀬《せ》」、遅い「淵《ふち》」などを使った名字が生まれます。また、「井」は井戸だけでなく、水を汲む場を意味しましたので、そこから「井」がつく名字ができました。

地形由来の名字は、元がひとつではなく、あちこちで複数発生したため、同じ名字が各所に存在しました。このため、名乗る人も多いのです。

名字の基本
▼
06

Q 地名や地形でも分けられないときは？

↓

A もっと細かく分けるために方位や方角も使いました

川上や村の中心が「上」、その逆が「下」となり、東西南北も使われました。

上下や、奥、前も

地名や地形でも区別ができない場合もあります。そのようなときは、方位や方角も名字に使われました。

たとえば、坂の近くに一軒だけならば「坂さん」で済みますが、複数になると、上の方ならば「坂上さん」、下ならば「坂下さん」というように分けていったのです。

この上下の文字は、単に高いところと低いところ、とい

PICK UP!

Myouji The Basic Part_06

【方位を示す文字】

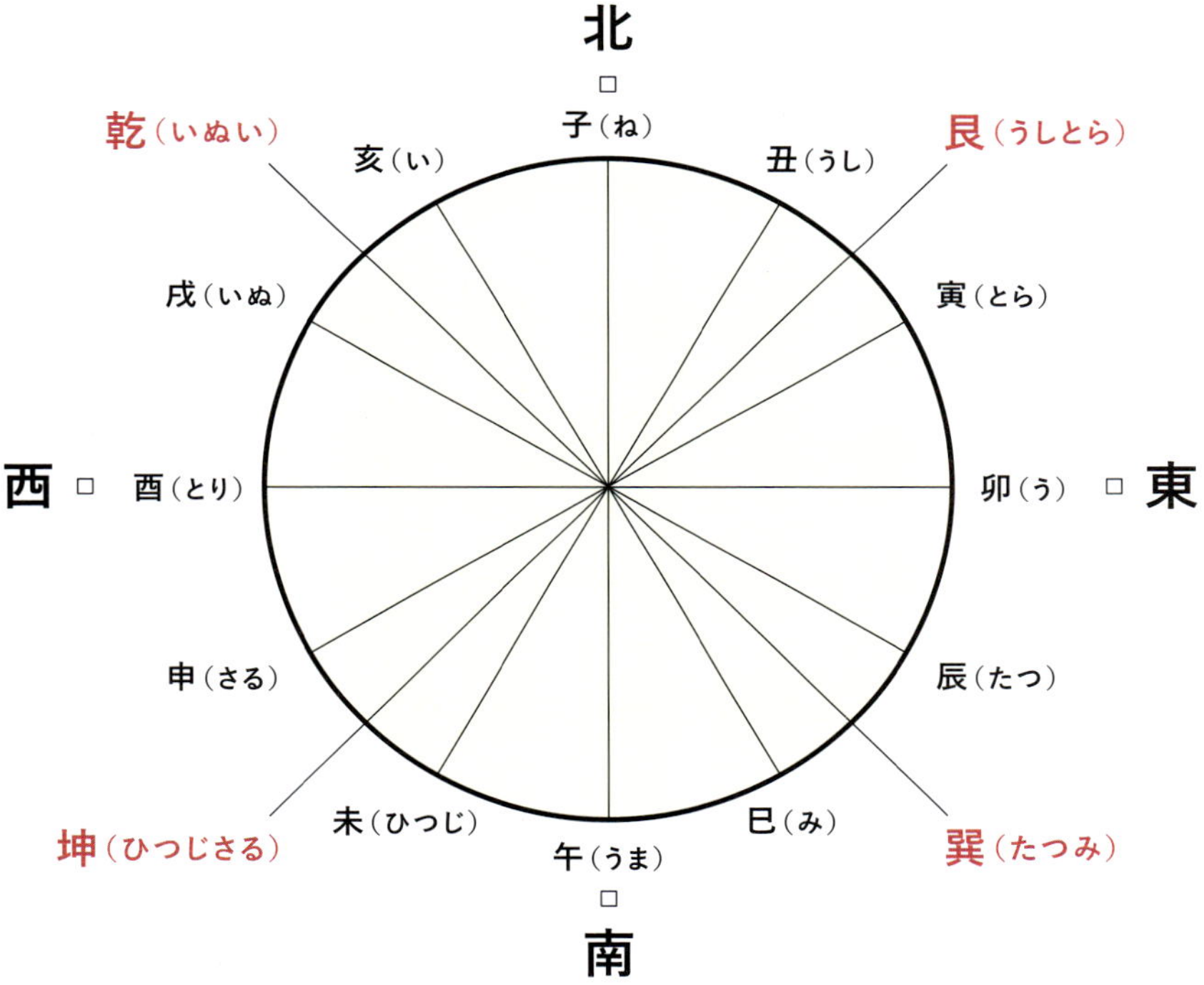

東西南北だけでなく、中間方位を示す文字も使われました。ただし、艮は鬼門の方角をさし、縁起がよくないため少なく、坤は語呂が悪いためか使われず、巽は「辰巳」「辰己」と書くこともあります。

う意味だけでなく、川などの上流か下流か、集落の中心に近いか否かでも使われました。「上村さん」は川の上流のときもあれば、村の中心に近いこともあったのです。現在、電車の路線を上り下りという意味と同じです。また、何か目印に対して前か奥かで示すこともあり、「前田さん」「奥田さん」などがその例です。

文字通りの方角で分けることもありました。単に東西南北を示すだけでなく、昔は方位を干支で示しましたので、これも使われました。中でも北西や南東などの中間方位を示す「乾《いぬい》さん」や「巽《たつみ》（辰巳）さん」はよくある名字です。

これらは本家から分家するときに、本家に対してどの方角になるかで決められたことも多かったようです。

名字の基本

07

Q ほかの名字の付け方は？

渡来系の氏族に村主氏があり、「すぐり」の読みは古代朝鮮語で郷の長の意味がありました。ここから村主の姓が生まれ、名字にもなりました。

↓

A ご先祖の仕事がわかる職業由来の名字もあります

仕事は世襲でした

名字の中には、職業から出ているものもあります。現在では、青果店の子どもが公務員になることも、その逆もあるので職業で家を判別するのは無理がありますが、江戸時代以前は多くの仕事が世襲制でした。「大工の太郎」といえば区別ができたわけです。

　これは古代の姓の時代からあり、狩猟などの犬を飼っていた犬養部《いぬかいべ》から「犬養さん」

PICK UP!

Myouji The Basic Part_07

【商家が名字をつけたときは？】

商家は出身地の国名を屋号にしていることも多かったのです。これを名字にしたときに微妙な違いが出ました。

や「犬飼さん」。国庫の管理をしていたから「大蔵氏《おおくらうじ》」、村主《すぐり》だったから「村主さん」などの例があります。

平安時代になると、貴族の持つ荘園の管理を行うことから「荘司《しょうじ》さん」「庄司《しょうじ》さん」といった名字も生まれています。この人たちの元で、税金の徴収をしていたのが「公文《くもん》さん」でした。

江戸時代以降は商業が発達したため、これに関わる名字も生まれます。商家の場合は「越後屋」「加賀屋」など出身地の地名を屋号に掲げることが多く、これを名字化したときに「加賀さん」のように旧国名の名字となりました。

家によっては「屋」を「谷」などに変え「加賀谷さん」とする場合もあり、秋田県などではこの傾向が強いようです。

名字の基本
08

Q 佐藤さんや伊藤さん、藤がつく名字とは?

↓

A 下の字に「藤」がつく名字はご先祖が藤原氏かもしれません

藤原という姓から、さまざま名字が生まれました。

藤原から派生した名字

平安時代に朝廷で栄華を極めた藤原氏。しかし、平清盛あたりから、歴史上に「藤原」はあまり見かけません。

でも、実は藤原氏はたくさん出ているのです。前述のように名字の成立には藤原氏が増えすぎたことも関連しており、京で公家となった人々は、京の通りの名や地名を名字としたのです。「近衛《このえ》さん」「西《さい》園《おん》寺《じ》さん」「武者小路《むしゃのこうじ》さん」などなど、みんな藤原氏出身

PICK UP!

Myouji The Basic Part_08

【藤原氏ゆかりの名字の例】

□ 地名と合わせた例

伊藤（いとう）	伊勢の藤原氏
加藤（かとう）	加賀の藤原氏
遠藤（えんどう）	遠江《とおとうみ》の藤原氏
近藤（こんどう）	近江の藤原氏
尾藤（びとう）	尾張の藤原氏
雲藤（うんどう）	出雲の藤原氏

□ 職業と合わせた例

斎藤／斉藤（さいとう）	伊勢神宮の斎宮寮に務めました
工藤（くどう）	建築を行う木工助《もくのすけ》という職業についたことから
進藤（しんどう）	内裏《だいり》の修理をする修理少進《しゅりしょうしん》という官職から
首藤（しゅどう）	乗馬に関わる首馬頭という官職についたことから

□ そのほかの例

佐藤（さとう）	左衛門尉《さえもんのじょう》という官職。もしくは佐渡守《さどのかみ》（領地）、佐野（地名）などから
安藤（あんどう）	安芸《あき》守護から。もしくは安倍氏と血縁ができたことからとも

の名字なのです。

さて、藤原氏の中には地方に行って、そこに定住した人たちもいました。この人たちは、藤原氏であることを示すために名字に「藤」をつけることも多かったのです。藤原氏は「藤家《とうけ》」ともいいましたので、名字の下の字が「藤」で「とう」と読む名字です。これは領地のある場所と組み合わせることが多く、伊勢に移った藤原氏は「伊藤さん」、加賀なら「加藤さん」、近江ならば「近藤さん」です。

また、伊勢神宮の斎宮寮《さいくうりょう》に務めた「斎藤さん」、木工助《もくのすけ》という官職から「工藤さん」など、仕事と組み合わせたもの。安倍さんと婚姻したから「安藤さん」の例もあります。そう考えると、現在でも藤原氏の勢力は絶大なのです。

名字の基本
▼
09

Q 江戸時代、普通の人に名字がなかった？

↓

A いいえ、そんなことはありません
公に名乗らなかっただけです

一茶記念館 蔵

小林一茶（こばやしいっさ）

江戸時代後期を代表する俳人。本名は小林弥太郎で信濃の農民の子。実家の田の相続もしており、年貢も納め、俳人でありながら本百姓ともいえます。「雀の子そこのけそこのけお馬が通る」「めでたさも中位なりおらが春」「やせ蛙まけるな一茶これにあり」など、滑稽さの中に優しさがある作風で知られます。

武士も農民も同じ

江戸時代になると、関ヶ原の戦いなどで敗れた武士は領地を失い農民にもなりました。

この頃、支配階級と普通の人を分ける統治策が進みます。負けた側の逆襲を恐れ、現状の身分を固定しようとしたわけです。刀狩りなどで武力を奪い、名字の使用を制限し、階級を分けていきました。幕府が士農工商という身分制を作り、これが完成します。

PICK UP!

Myouji The Basic Part_09

【江戸時代の農民の名字】

小川寺（しょうせんじ）**梵鐘**

江戸時代の農民がお寺に寄進した鐘で1686（貞享3）年に鋳造されています。表面には寄進者名が刻まれており、彼らが名字を持っていたことがわかります。下はその名字の一部。現在と変わりませんね。

Name list

- 小川・武松・浅見
- 増田・藤野・平沢
- 川久保・中里・宮沢
- 若林・宮崎・野村
- 久下・吉沢・富田
- 立川・比留間・清水
- 加藤・向坂・田中
- 内山・高木・関口
- 青木・師岡・原嶋
- 金子・竹内・尾崎

写真提供：小平市「小平市史編さん こぼれ話」より

こうして、江戸時代に名字を名乗ることができるのは、武家や公家の支配階級と限られた豪農などだけになりました。「名字《みょうじ》帯刀《たいとう》」といい、刀を持ち、名字を名乗ることは勝った側の特権だったのです。

しかし公式に名乗れないだけで、名字はあったと考えるのが現在の主流です。右上の小林一茶のように農家出身の有名人の名字が残るケースや、古い墓碑や農村の記録にそれが残っている場合もあります。

そもそも、戦国時代は武士が農民を兼ねていました。これは幕府側も同様でみんな武士です。それなのに、一度や二度負けたからといって、いわれるままに先祖からの名字を捨てるわけがなく、「百姓」の文字通り、名字は続いていたのです。

Q 明治になって名字をつけたの？

ウチは
昔からの
田中にするよ
ワシは
名字ないから
なあ…

1870（明治3）年に「平民苗字許可令」が出され、名字が許されました。そして、1875（明治8）年の「平民苗字必称義務令」では、名字を名乗ることが義務になり、このときに慌てて名字をつけた人もおり、お坊さんなどは新しく考える必要がありました。

↓

A 制度として名字が必要になり元の名字を名乗ったりしました

戸籍制度のために

明治時代になると、日本は海外との遅れを取り戻すために、近代国家としてさまざまな施策を打ち出していきます。そのひとつが戸籍制度です。

江戸時代は全国的な戸籍制度がなく、藩が管理していましたが、中には登録されていない人もいました。これでは国税の徴収も徴兵制度を実施することができません。そこで、政府は姓でも名字でもな

【記録役が間違えた？】

「宍戸」が通常の書き方なのですが、中には「完戸」と書く名字もあります。これは、記載した人が間違ったか、どちらとも読める字を書いてしまった可能性があります。このような例は案外あり、明らかな間違いの場合は現在、戸籍を訂正できます。

い「氏《し》」というものを戸籍として登録することにしました。現在の「氏名」です。

前項で解説したように、江戸時代にも多くの人が名字を持っていました。ほとんどの場合、これを「氏」としたようです。ですから、現在の名字と江戸時代初期の名字（P31）に違いが少ないのです。

今の名字は、このときにつくられた戸籍が現在につながっているもの。多くの名字が伝統的なものだとわかります。

しかし、中には名字がない人もいました。わかりやすいのがお坊さんです。お坊さんは、社会と関係を断って出家するので、姓も名字も捨ててしまいます。このため、新たに名字をつける必要がありました。お釈迦様から字をもらった「釈《しゃく》」などはその一例です。

名字の基本

11

Q 外国人の名字はどうなっているの？

【東アジア編】

↓

A 中国王朝に関係の深い国々はこの影響を受けています

［中国の姓ランキング］

第1位	第2位	第3位
王（おう／ワン）	李（り／リ）	張（ちょう／チャン）
王安石（宋の政治家、文人）	李白（唐時代の詩人）	張良（漢の高祖の軍師）

第4位	劉（りゅう／リウ）	劉邦（漢の高祖）
第5位	陳（ちん／チェン）	陳独秀（中国共産党創始者）
第6位	楊（よう／ヤン）	楊貴妃（唐の皇妃）
第7位	黄（こう／ホアン）	黄忠（三国志の武将）
第8位	趙（ちょう／チャオ）	趙匡胤（北宋の建国者）
第9位	呉（ご／ウ）	呉三桂（明末清初の軍人）
第10位	周（しゅう／ジョウ）	周恩来（中華人民共和国の政治家）

中国は何度か漢民族以外の周辺民族に支配されているため、これらの姓も使われ過去には2万以上の姓があったが、現在は約3500種類。特に上位の姓は多く、王さんだけで人口の7.25%で1億人弱。上位100位までの姓で人口の約85%にもなります。
「中国公安省　全国戸籍人口統計分析」より

姓と名の組み合わせ

ところで、外国の名字はどうなっているのでしょう。日本は中国から影響を受けて姓から名字に発達したので、その中国から考えてみましょう。

日本でも有名な『三国志演《えん》義《ぎ》』の劉備玄徳《りゅうびげんとく》の場合、姓は劉で名が備です。しかし、昔の中国では名を軽々しく使えなかったため、成人したときに字《あざな》というものをつけます。これが玄徳になります。名と

PICK UP!

Myouji The Basic Part_11

【モンゴルの場合／タイの場合】

相撲の横綱白鵬はモンゴル出身。本名はムンフバト・ダヴァジャルガルです。この「ムンフバト（ムンフバティーン）」は名字のように見えて、実は父の名前なのです。モンゴルの名前は「父の名」＋「本人の名」が一般的です。

タイ初の女性首相だったインラック・シナワトラ元首相は、実は「インラック」が名前です。タイでは元々、名字を名乗る風習がなく、首相でも名前で呼ばれるわけです。日本に当てはめると「安倍首相」でなく「晋三首相」ということですね。

字を同時に使うことは少ないので、劉備か劉玄徳と呼ぶことになります。

　中国と陸続きの朝鮮では、中国の影響が強く、これに近い姓名が使われてきました。豊臣秀吉の朝鮮の役《えき》で活躍した李舜臣《りしゅんしん》など、李や金《きん》、朴《ぼく》といった中国姓も多いのです。

　また、ベトナムも中国の影響が強く、建国の父ホー・チミンは「胡志明」と漢字で書くこともできます。

　しかし、東南アジアでもミャンマーまでくると事情が変わります。民主化運動の指導者、アウンサンスーチーさんは、「アウン」「サン」「スー」「チー」のどれもが名前です。ミャンマーでは姓名の区別がないのです。東アジアでは中国の影響で、名字の概念も変わるわけです。

名字の基本 ▼ 12

Q 外国人の名字はどうなっているの？

【諸外国編】

↓

A 親の名字や名前が名字に関係することも

国によってさまざま

西洋の場合、名前（ファーストネーム）と名字（ラストネーム）の組み合わせであることが知られていて、間にミドルネームが入ることもあります。

アメリカはイギリスから独立した国なので、イギリス系の名字も多いのですが、特徴として「～ソン」が多いことが挙げられます。「ウィルソン」「ジョンソン」などです。

［イギリス、アメリカの名字］

	イギリス	アメリカ
第1位	スミス	スミス
第2位	ジョーンズ	ジョンソン
第3位	ウィリアムズ	ウィリアムズ
第4位	ブラウン	ジョーンズ
第5位	テイラー	ブラウン
第6位	デービス	デービス
第7位	エバンス	ミラー
第8位	トーマス	ウィルソン
第9位	ロバーツ	ムーア
第10位	ジョンソン	テイラー

アメリカはイギリスから独立したため、名字の関連性が強いようです。両国で1位のスミスは職業由来の名字で鍛冶屋を意味します。ミラーは粉屋です。ただし、アメリカは移民の国でもあり、世界中から各国の人々が移住してきます。このため、世界一名字の多い国になっており、110万種もあるそうです。

PICK UP!

Myouji The Basic Part_12

【ヨーロッパの名字の例】

スペインの名字

スペインでは名前→父の名字→イ→母の名字と並べます。「イ」は「and」と同じ意味で、両親の姓をつないで複合姓とするのです。しかし、この方法では名字が長くなって不便なため、父親の名字だけで済ませることも多いようです。スペインと関係の深いポルトガルでは母の名字→父の名字という順になります。

ドイツの名字

現在でもマイスター制度など職業を重視するドイツでは、名字にも職業由来のものが多く、1位の「ミューラー」は英語圏の「ミラー」と同じ粉屋。2位の「シュミット」も「スミス」同様に鍛冶屋です。3位は「シュナイダー（機織り）」、4位は「フィッシャー（漁師）」、5位は「メイヤー（農夫）」となっています。

これは「〜の息子」という意味で、ジョンソンならば「ジョンの息子」です。さらに「ジョーンズ」など「〜ズ」も同様です。

英米以外では？

この「〜の息子」という名前は、ほかの国にも存在します。ロシア系のミドルネームなどに用いられる「〜ビッチ」などがそうです。ロシアの元大統領で首相のメドヴェージェフ氏はドミトリー・アナトリエヴィチ・メドヴェージェフといい、お父さんの名は「アナトリー」なのです。

北欧では親の名前に男の子なら「ソン」、女の子なら「ドッター」をつけて名字とする文化があります。ヨハン・エリクソンさんが息子にカールと名付ければ、その子は「カール・ヨハンソン」です。しかし、これでは名字が変化しすぎるので、スウェーデンでは20世紀初めに親の名字を継ぐようにしました。その結果、上位10位までの名字がすべて「〜ソン」となってしまったのです。

ヨーロッパとは異なり、アラブ世界のサウジアラビアでは、姓名の構成も違います。サウジアラビアの場合、自分の名前→父親の名前→祖父の名前→部族の名前という順序になります。たとえば、サウジアラビアの初代国王の正式名は「サウド・イブン・アブドル・アジズ・イブン・アブドル・ラーマン・アル・サウド」で「サウド家のアブドル・ラーマンの子のアブドル・アジズの息子サウド」という意味になります。

名字の基本
▼
13

Q 外国人が日本人になったら？

↓

A かつては日本風にしていましたが最近は変わってきています

有名な陶芸家の沈寿官（ちんじゅかん）は豊臣秀吉の朝鮮出兵時にやってきた技術者が薩摩藩（鹿児島）で陶芸を行ったのがはじまり。代々「沈寿官」を継ぐのは日本の「沈」家です。また、長崎では通訳を行う「何」家もあり、古くから海外から来て日本に定住する人はいたのです。

国際化で変化

近年、国際化が進み、外国生まれの人が日本に帰化するケースも増えてきました。

そうなると、日本の戸籍に登録しなければならないため、名字が必要になります。1990年代初め頃までは、帰化するときに「日本風の」名字を強く要請されたとされます。ですから、昭和に活躍した相撲の高見山《たかみやま》は、帰化する際に妻の「渡邊」を名字にしまし

PICK UP!

Myouji The Basic Part_13

【日本に帰化する場合】

＼ボクは／

ラストネーム ＝ 名字
＋
ミドルネーム＆ファーストネーム ＝ 名前

＼私は／

ラストネーム ＝ 名字
＋
ファーストネーム ＝ 名前

基本的にラストネームなどを名字とし、ファーストネームを名前とするようです。しかし、ミドルネームを入れる場合、日本の「氏名」では書く欄がありません。そこで、名前にくっつけて記載することが多いようです。

た。小錦《こにしき》も妻の名字の「塩《しお》田《た》」で帰化し、後に四股名《しこな》の「小錦」を名字にしています。

しかし、時代の流れとともに変化が訪れ、サッカー日本代表で活躍したルイ・ラモス選手は「ラモス瑠偉」として帰化しました。名字が「ラモス」ですから、もはや漢字でなくてもいいわけです。政府は基準を発表しませんので不明ですが、条件はかなり変わったようです。「ハーフナー・マイク」選手は全部カタカナですが、戸籍はどうなっているのでしょうね？ また、ミドルネームなど名字と名前の二つでは足りない場合もあります。このときはミドルネームなどを名前に合わせて登録しているようです。「田中マルクス闘莉王」選手はその例で、名字は「田中」です。

名字の基本 ▼ 14

Q 日本名も正式に名乗ると？

徳川家康は幼名が竹千代で、名前も元信→元康→家康と変化。名字も松平→徳川、姓も源氏だけでなく藤原にもなっています。ほかの武将は出家して法号も持っていることもあり、戦国武将の名の多さには驚かされます。

↓

A 日本の名前も本気で名乗ると結構長くなるのです

名乗りや姓も加えると

海外の名前を見ると、「長いな」と感じられたと思います。しかし、日本でも、むかしは結構長かったのです。

例えば、徳川家康の場合、元服（成人）したときは「松《まつ》平《だいら》次郎三郎《じろうさぶろう》元信《もとのぶ》」でした。松平が名字で、次郎三郎は名乗り（通称）、元信が名前で後に元康、家康と変えます。そして征夷大将軍《せいいたいしょうぐん》になろうとしたとき、これは源姓

PICK UP!

Myouji The Basic Part_14

【平家物語の有名武将は？】

熊谷《くまがい》 次郎《じろう》 平《たいらの》 直実《なおざね》

↑ ↑ ↑ ↑

熊谷家の次男の平氏の直実です！

那須《なすの》 与一《よいち》 藤原《ふじわらの》 宗隆《むねたか》（資隆）

↑ ↑ ↑ ↑

那須家の11男の藤原氏の宗隆（資隆）です！

一般的には熊谷直実と那須与一で知られる二人ですが、名前の意味が違うのがわかりますね。与一は「一余る」の意味で、なんと11男ということです。一方の直実も次男。数奇な運命をたどる武将ですが、当時は、がんばって武功をあげて領地をもらうのに懸命だったのです。

の武家に与えられるものなので、「源」の姓が必要になります。そこで源氏ゆかりの得《とく》川《がわ》を徳川に改め名字にします。こうして家康は「徳川次郎三郎源家康」となります。中に朝廷の臣であることを示す「朝臣《あそん》」を入れるパターンもありますが、複雑になるので省きます。それでも長いですね。

さて、この中の名乗りの部分ですが、長男を「太郎」、次男を「次郎」と呼ぶのと同じものです（名前は別にあります）。当時は領地などの相続がとても重要だったので、これを名乗って示したのでしょう。長男の長男だったら「小太郎」なども用います。家康の場合は、父の名乗りを継いだようです。こう考えると、日本の名字も海外に負けずに複雑だとわかりますね。

名字の基本 ▼ 15

Q めずらしい名字って、ホントにあるの？

↓

A 実際には存在しない幽霊名字もあるのです

テレビドラマや映画、漫画やアニメには架空の名字も多々登場します。それだけなら問題ないのですが、インターネット上では、それを「ある」とするウソがつけますし、インパクトがあれば拡散してしまいます。事実の記録性を破壊するため、非常に迷惑な都市伝説なのです。

「十さん」伝説

次章で解説しますが、日本にはめずらしい名字もたくさんあります。

しかし、中にはめずらしさやインパクトを求めるあまりでしょうか、実際に存在しない名字も流布しているのです。

有名なのは「十《つなし》さん」です。数字を「ひとつ、ふたつ、みっつ……」と数えていくと、十は「とお」で「つ」がつきません。このため「つ

PICK UP!

Myouji The Basic Part_15

【幽霊名字の例】

「ねこじし」は「子」の読み方を並べたもの。春夏秋冬で一年なので「ひととせ」ですが、洒落すぎですね。「んねさか」は表札のローマ字表記から「k」と「a」の一部が欠落したものでしょう。どれも日本では確認できない名字ですが、ネット上にはあるかのように記載されています。

なし」なのです。実はこれはテレビドラマに登場したもの。1970年放送の『ありがとう』で石坂浩二さん演じる医者の名字が「十」で、「十病院」が舞台。視聴率が40％以上という大人気で、とんちも利いた読み方だったために、多くの人の記憶に残ったのです。

しかし、こういった読み方の名字はありません。あるのは「木」から払いが欠けたことから「もぎき」と読む名字だけ。ですが、インターネットが普及すると各所に「タクシーに乗ったら運転手さんの名字が十で由来を教えてくれた」という書き込みが頻発。日本中で「十さん」がタクシーを運転しているかのようになってしまいました。こういう実在しない名字は「幽《ゆう》霊名字《れいみょうじ》」と呼んでいます。

十六沢？

東海林？

ホント？
い名字

薬袋？

長谷川？

鶏冠井?

日本?

PART_02

A Rare Myouji

なんて読むの? それ めずらし

日本の名字は種類が多いとされます。さまざまな地名や地形、
方位方角などからつくられてきたためです。
そして、中には非常にめずらしいものや、読むことが難しい名字もあります。
ここでは、そんな難読、希少の名字を由来とともに紹介します。
あなたはいくつ読めるでしょうか?

御手洗?

珍しい名字 ▼ 01

よく見かけるけれど 不思議な読みのあの名字

漢字と音が一致しない名字、けっこうありますね

名字には、その漢字の読みにない読み方もあるのです。

元はなんだった？

友達で呼び合うあだ名って、変化していく間に、どうしてそう呼ばれているのかわからなくなります。「森くん」が「もりっち」になり、「りーち」となり、「森」が行方不明になったりします。

名字の中にもそういうものがあります。

ランキング34位にもなる「長谷川さん」の場合、実は地名ルーツの名字で奈良県桜井市初瀬《はせ》町が元。かつては「泊瀬《はっせ》」と書き、泊は舟を止める場所です。ここを流れる初瀬川が長い谷を流れていたため、「長谷」と書いても「はつせ」と読むようになり、いつしか「つ」が発音されなく

PICK UP!

A Rare Myouji Part_01

【「服部さん」が誕生するまで】

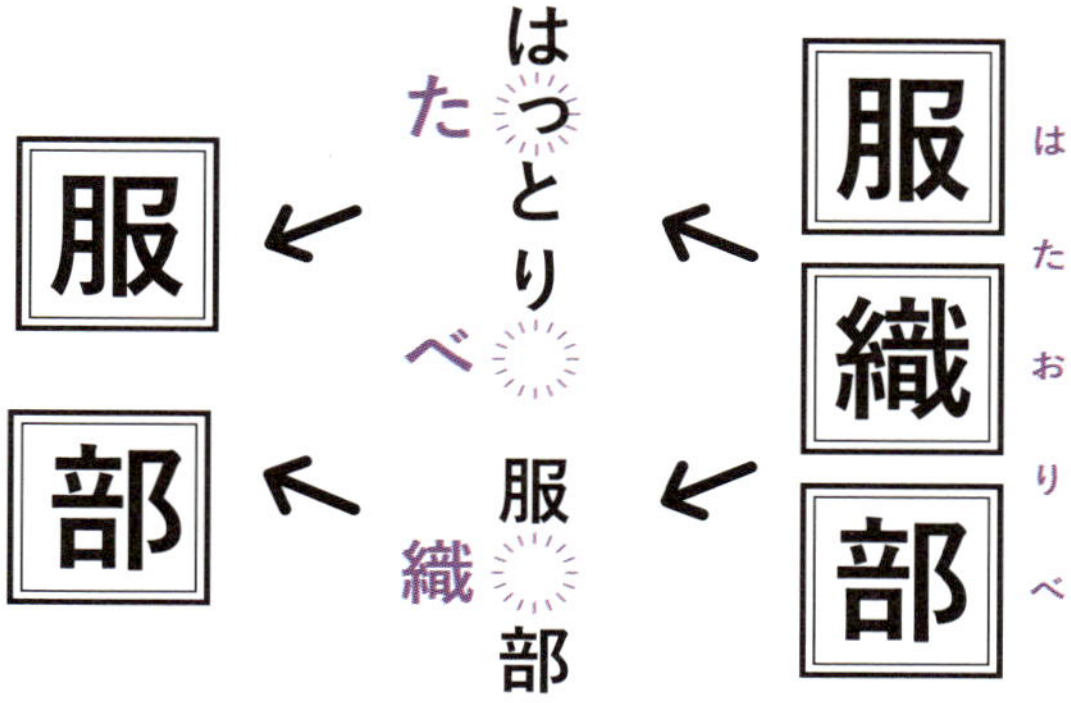

元は古代の職業の「服織部」なのですが、読みと漢字の欠落部が一致しないため、通常では読めない変化を遂げました。

なったのです。「初瀬川」でも「長谷川」でも「はせがわ」となりました。

忍術もので有名な服部半蔵《はっとりはんぞう》の「服部さん」もこのパターンです。古代の職業由来で衣類を織る「服織部」が元です。読み方が「はたおりべ」から「はっとりべ」「はっとり」と変化し、文字は「織」を省くようになったのです。このため、読みと漢字が一致しなくなり、知らなければ読めない名字になったのです。

この「服部さん」現象には派生もあります。「部田」とあると、「ぶた?」と驚く人もいるでしょうが「とりた」と読みます。「服部」がメジャーなため、「部」を「とり」と読むことに抵抗がなかったのでしょう。

珍しい名字 ▼ 02

難しい地名から出た名字

日本語は読みが先にあり、強引に漢字を当てることも

使っていた音に漢字を当てたのが万葉仮名。「やまと」を「大和」と書く時点で、現代人には普通に読めないものになっています。

漢字を強引に当てた？

日本語は先に音（読み方）があり、そこに中国から借りた漢字を当て、さらにひらがな、カタカナを生んだ歴史があります。万葉集などでは漢字の意味におかまいなく、強引に文字を当てており（万葉仮名といいます）、現在は、非常に読みにくいものです。

このため、古い地名には万葉仮名のような当て字があり、これが地名由来の難しい名字の元になっています。

「五十嵐《いがらし》さん」を読める人は多いでしょうが、これも知識がなければ読めないもの。越後国沼垂《ぬったり》郡五十嵐が発祥の地名なのですが、この地名は五十嵐彦命が開拓したことが由

PICK UP!

A Rare Myouji Part_02

【地名由来の難読名字の例】

安心院（あじみ／あじむ）	豊前国宇佐郡安心院荘（大分県）
五百蔵（いおろい）	土佐国香美郡五百蔵（高知県）
出町（いずるまち／いずりまち）	陸奥国糠部郡出町（岩手県）
麻植（おえ）	阿波国麻植郡（徳島県）
魚返（おがえり／うがえり）	豊後国玖珠郡山田郷魚返（大分県）
金田一（きんだいち）	陸奥国糠部郡二戸金田一（岩手県）
東風平（こちんだ）	沖縄県の東風平間切東風平村が由来
銀鏡（しろみ）	宮崎県西都市の地名が元
瑞慶覧（ずけらん）	沖縄県中条間切瑞慶覧村が由来
鷲見（すみ）	美濃国郡上郡鷲見郷（岐阜県）
黒葛原（つづらはら）	薩摩国伊集院黒葛原（鹿児島県）
苫米地（とまべち）	陸奥国三戸郡苫米地（青森県）
南波佐間（なばさま）	千葉県四街道市の地名が由来
西風館（ならいだて）	陸奥国遠野郡西風館（岩手県）
茨田（まんだ）	河内国茨田郡茨田郷（大阪府）
毛受（めんじょう）	尾張国中島郡毛受（愛知県）
万木（ゆるぎ）	近江国高島郡万木（滋賀県）
米内（よない）	陸奥国岩手郡米内（岩手県）

どこにも難読地名はありますが、沖縄の場合は元の言葉が琉球語のため、さらに漢字を当てると難しくなります。由来にある「間切」は沖縄のかつての行政単位です。

来です。「いかたらしひこのみこと」の時点で、当て字のため、現代人にはわからないものになっています。

ときには、まったく関係のない当て字をすることもあります。複数の著名人がいるため、読める人も多い「東海林《しょうじ》さん」はその例。これは元々、出羽《でわ》国（山形県）の東海林《とうかいりん》にいた一族の一部が秋田県に移り庄司《しょうじ》を務めたことが由来。この職の人々は名字を「庄司」とすることが多いのですが、彼らは字を「東海林」のまま「しょうじ」という名字に。元の一族は山形に残ったため、山形では「とうかいりん」と読む「東海林さん」がたくさん残っています。

このように地名由来の名字は難読名字の宝庫なのです。

伝説、できごとが生んだ名字

元は伝説などのため、名字的な感覚と違うのです

殿様の持ち物、ましてや健康情報がわかる薬袋を見るわけにはいきません。

武田信玄由来の名字？

名字の中には伝説や、できごと由来のものもあります。

代表的なのが「薬袋《みない》さん」です。山梨県に多い名字で武田信玄に関連があるとされますが、伝説の中身はいろいろ。

有力とされるのが、武田信玄が薬袋を落としたとき、「中を見たか？」と尋ね、これに「見ない」と答えた、というものです。「御薬袋」と書く例もあり、武田信玄は主君であり、「御館様《おやかたさま》」でしたから、この説を後押しします。しかし、長寿の村だから「薬袋を見ない」、の意味もあります。どちらにしても、薬袋を「みない」と読むには、何か理由がいりますね。

PICK UP!

A Rare Myouji Part_03

【不思議な伝説が名字に】

おしゃべりがすぎて 舌をとられたので 「舌《ぜつ》」を名字にして 反省します
石が太ると 村も豊かに なったので 「肥満」を 名字に

伝説由来の名字ですが、伝説そのものの由来も知りたくなりますね。

ほかにも、武家に関係したものでは、戦場で活躍したことから主君に「無敵《むてき》」（山口県）という名字をもらったり、「武勇百人に勝る」ことから「百武《ひゃくたけ》」（佐賀県）とした例も。

また、京都の貴船《きふね》神社の神官を受け継ぐ「舌《ぜつ》さん」の場合、牛鬼という神様がおしゃべりだったために、舌を八つ裂きにされたという壮絶な伝説が由来です。牛鬼は貴船に戻り、戒めるために「舌」を名字として神官になりました。「肥満《ひまん》さん」というのも伝説系。これは弘法大師に石をもらったら、石がどんどん肥え太り、同時に村も豊かになったため、それにあやかってつけたとされる名字。「肥満＝豊かさ」だった時代感覚が繁栄されています。

珍しい名字 ▼ 04

特別な読みが生んだ名字

和風の読みから出た名字は響きの美しさが光ります

「十六夜」の読みから生まれた「十六沢さん」。なんとも風流です。

風流やとんちから

先にも解説しましたが、日本語は先に音（読み）がありました。そして、中には日本語らしい響きに、特殊な当て字をしたものもあります。

たとえば、「十六夜」と書いて「いざよい」と読みます。「いざよう」という動詞は「ためらう」というような意味で、十五夜の満月よりも、ためらうように少し遅く出る十六夜の月を表現しました。

この読み方から生まれた名字に「十六沢《いさざわ》さん」があります。なんとも風流な名字です。

また、「月見里」と書いて「やまなし」と読む名字もあります。山がない方が月を見やすいという意味です。

PICK UP!

A Rare Myouji Part_04

【特別な読み方をする名字の例】

鶏冠井（かえで）

ニワトリのトサカのことを鶏冠と書きます。これに似たものは？　ということで「かえで」なのです。「井」があるので本来は、そこも読んだのですが、いつしか省かれてしまいました。

一口（いもあらい）

大勢の人がいるときに、出口がひとつだったら、どうなります？　出口はごった返して芋を洗うような状態になります。このため、「いもあらい」と読みます。そのまま読む「いっこう」もあります。

日月（たちもり）

月のはじめの日は「朔日」と書きます。そして、「ついたち」と読みます。月末は「つごもり」といいます（「晦」と書くことは気にしないでください）。これらの文字と読みを組み合わせて「たちもり」と読むのです。

臥龍岡（ながおか）

諸葛孔明《しょかつこうめい》は竜が伏せるような形の岡、臥龍岡《がりゅうおか》の近くに住んでいたとされました。ここから寝ている竜のような長い岡、つまり「ながおか」となったのです。元は普通に「長岡さん」だったのでしょうか？

さらに風流になると、「栗花落」という名字もあります。神戸に中世にはあった名字で、栗の花が落ちるころ、梅雨になるため「つゆいり」と読み、そこから「つゆり」と読む名字になりました。

とんちが利いたものに「小鳥遊」と書く名字があります。小鳥が遊ぶには、捕食する鷹などがいない方がいいですね。そこで「たかなし」と読むわけです。元は「高梨さん」だったのでしょうが、この当て字を思いついて変えたのでしょう。

こういったセンスは、それなりの知的水準や豊かさがなければ生めないもの。江戸期の町人文化を感じますが、それ以前のセンスのいい人がつくったのかもしれません。

読めるとスゴイこの名字 01

由来不明のものもあり、読める方がたいしたものです

草壁皇子の子孫とされて「王生」と書くのですから関係がありそうですが、ズバリの由来がわかりません。

なぜだかわからない

名字の中には、今となっては、なぜそうなったのか由来のさっぱりわからない名字もあります。

たとえば、「舎利弗」と書いて「とどろき」と読む名字があります。よくあるのは「轟」「等々力」などを当てるものですが、なぜそうなったのかわかりません。

「王生」と書いて「いくるみ」と読むのも同様。草壁《くさかべ》皇子の子孫と伝えられ、雰囲気は伝わってくるのですが、なぜかが不明なのです。

ここでは、そういったものも含め、いくつかの難読、珍しい名字を挙げてみましょう。読めるもの、ありますか？

COLUMN

A Rare Myouji Part_05

【この名字、読めますか？ 01】

水流（つる）

小川や用水路のことをいう鹿児島県特有の呼び方が由来です。「つる」といい、これに「水流」の文字を当てたのがはじまり。「上水流《かみつる》」「下水流《しもつる》」「水流《つる》添《ぞえ》」といった派生名字も。

京（かなどめ）

昔は50音ではなく、「いろは順」を使っていました。これを用いた「いぬぼうカルタ」では、最後に「京」という札で終わったため、かなの最後という意味で「かなどめ」なのです。

四十八願（よいなら）

戦国時代から見られる由緒ある名字で下野《しもつけ》国の戦国大名、佐竹氏の家臣にこの名が残っています。仏教用語の四十八願《しじゅうはちがん》が元ですが、なぜか「よいなら」と読みます。

日本（にっぽん）

江戸時代、藩主を船に乗せたときに「日本晴れになります」と予想して当たったことから、褒美にもらった名字。だから、素直に「にっぽん」なのです。鹿児島県にある名字です。

貴家（さすが）

富士山の御師《おし》（祈祷師）に多く、山梨県富士河口湖町で見られる名字。ほかにも、「流石」「刺賀」と書く例が多いのですが、「さすが」と読むのです。

千明（ちぎら）

素直に読めば「ちあき」ですが違います。「千木良」「千吉良」「千金楽」などとも書きます。群馬県・栃木県にある名字で実は「ちぎら」と読みます。神奈川県の相模原市がルーツ。

平安名（へんな）

なんとなく、京都の風景を思い浮かべる人も多いでしょう。しかし、方向が違います。実は沖縄県の名字で「へんな」と読みます。勝連間切平安名村がルーツです。

青天目（なばため）

戦国時代の宇都宮氏や佐竹氏の家臣に名がある由緒ある名字「生田目《なまため》」が元。これが変化し、「生畑目」「名畑目」「天女目」なども派生しました。「なばため／なまため」と読みます。

読めるとスゴイこの名字 02

読めるけど由来がある名字やかんたんでも読めない名字

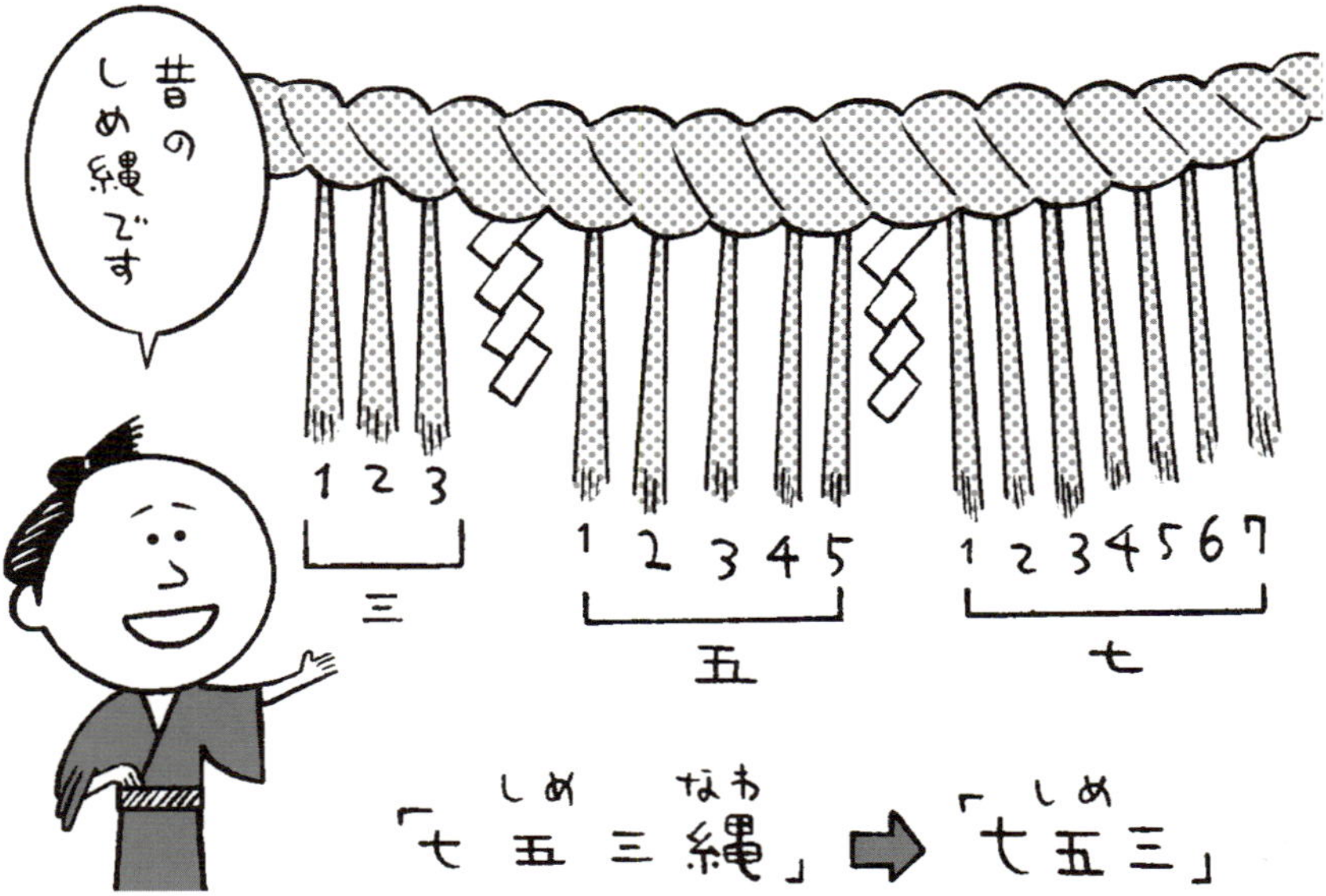

絵のようにしめ縄をつくったことから、「七五三縄」となりました。しかし、「七五三」と漢字3文字なのに、読みは2文字の「しめ」……。難しいですね。

かんたんに見えても

「七五三」と書けば、「しちごさん」と読みますね。でも、名字の場合、「しめ」と読みます。

これは昔のしめ縄が今と違い、太いわら束に7、5、3本のわら束を垂らしたものだったからです。このため、しめ縄のことを「七五三縄」と書くようにもなったのです。

「七五三さん」は東京に数件ですが、「七五三掛《しめかけ》さん」は茨城県に数十、「七五三木《しめき》さん」は群馬県に200軒以上もいます。

ここでも、難読名字やユニークな由来の名字を挙げてみましょう。

COLUMN

A Rare Myouji Part_06

【この名字、読めますか？ 02】

鉄（くろがね）

「てつ」と読む名字もありますが、もっともっと古い方の読み方「くろがね」です。この読みは福島県にあり、鉄を意味する古語「くろがね」が由来です。

柘植（つげ）

三重県伊賀市にこの名の駅があるため、読める人は多いかもしれません。愛知から岐阜にかけて多い名字で「つげ」と読みます。伊賀の柘植氏は伊賀市にあった柘植郷発祥です。

四十川（あいかわ）

完全に干しあがっていない干物を「あいもの」といいました。なぜかは不明ですが「四十物」と書きます。これから「四十」を「あい」と読み、「四十川」は「あいかわ」なのです。

王隠堂（おういんどう）

読みは素直に「おういんどう」です。奈良県吉野の名字と聞いて由来にピンと来る人は歴史好きですね。南北朝時代に後醍醐《ごだいご》天皇をかくまったことがはじまりなのです。

南蛇井（なんじゃい）

上野《こうづけ》国甘楽《かんら》郡南蛇井（群馬県）がルーツ。戦国時代は小幡《おばた》氏に所属した由緒ある名字です。現存は微妙なのですが、読み方は「みなみ……」ではなく、「なんじゃい」なのです。

勘解由小路（かでのこうじ）

漢字の字数で5文字という、最長名字のひとつ。京都の勘解由小路という地が由来で「かでのこうじ」と読みます。もちろん、公家で作家の武者小路《むしゃのこうじ》実篤《さねあつ》の母方の名字です。

直下（そそり）

何かの下に住んだ人なのでしょう。実はそそり立つ山の真下という意味で「そそり」と読みます。難しいので、読みを「なおした」と直した家もあります。

左衛門三郎（さえもんざぶろう）

これも5文字最長名字。読みは「さえもんざぶろう」と普通で、左衛門府に務めた三郎さんの家系でしょう。この名字は読みがかなで8文字になり、読みでも最長のひとつです。

なぜか、めずらしい名字の宝庫

偶発的にめずらしい名字が集まるときも

NADESHIKO JAPAN

S なでしこジャパン

全国から集まる名字

スポーツの世界は全国各地のジュニアチームから選手が育ち、有力な選手がプロの世界まで駆け上がっていきます。純粋に実力の世界なので、さまざま名字が見受けられる世界です。

特に近年のなでしこジャパンと広島カープには、めずらしい名字が多い印象があります。同じ競技でも男子サッカー日本代表やジャイアンツなどには、そのような印象は少ないので、あくまで偶然の産物なのですが……。

まずは、なでしこのMF上《かみ》尾野辺《おのべ》めぐみ選手。漢字4文字と長い名字で神奈川県横浜市の瀬谷《せや》区に集中しています。上尾野辺選手もまさにここの出身です。

1字姓のカープ

対するカープはメンバー表でひときわ目立つ梵英心《そよぎえいしん》選手。「梵」は仏教用語の「梵」からきたもので、漢字の意味が「木の上を風が吹く様」であることからこの読みになっています。僧侶の名字で梵選手の実家もお寺です。

カープには、もうひとり1字姓の丸佳浩《まるよしひろ》選手がいます。「丸」は安房《あわ》国朝夷《あさい》郡丸（千葉県南房総市丸）がルーツで桓武《かんむ》平氏の出。鎌倉幕府の御家人でもありました。そして、丸選手も千葉県の出身です。

HIROSHIMA CARP

広島カープ

3文字姓の有名選手はカープにもいます。2014年の新人王になった大瀬良大地《おおせらだいち》投手です。長崎県の五島《ごとう》列島周辺に多い名字で、大瀬良投手も長崎県大村市の出身です。

彼とともに活躍した九里亜《くりあ》蓮《れん》投手は父がアメリカの元野球選手ですが、名字は母方からのようです。「九里」は元々「くのり」と読み近江《おうみ》国蒲生《がもう》郡九里村にルーツがあります。

さて、なでしこといえば澤《さわ》穂希《ほまれ》選手を外すことはできません。「沢/澤」は地形由来の名字で各地にルーツがあり、公家にも武家にも多くの系統があります。

こうして見ると希少な名字の選手が、ルーツとなる地域出身なのがわかります。名字がご先祖から受け継がれたものだという、好例ですね。

3字姓のなでしこ

なでしこも負けてはいません。FWとしてチームを引っ張る大儀見優季《おおぎみゆうき》選手もなかなか見ない名字。ご主人の名字ですが、「大宜味」「大宜見」などは沖縄の大宜味間切りがルーツです。

なでしこは3文字姓が多く、岩清水梓《いわしみずあずさ》選手、宇津木瑠美《うつぎるみ》選手がいます。「岩清水」は陸奥《むつ》国紫波《しわ》郡岩清水(岩手県)がルーツ。「宇津木」は武蔵国多摩郡宇津木(東京都八王子市)発祥で江戸時代は彦根藩井伊家の家老も出ています。

テレビや新聞で見るあの変わった名字の由来は?

最近見かけたこの名字は?

【名字01】能年（のうねん）

テレビドラマの『あまちゃん』でブレイクした女優の能年玲奈《のうねんれな》さん。国民的ドラマとなったので、もはや読めない人は少ないでしょうが、これ本名だそうです。山陽地方に多い名字で播磨《はりま》国飾東郡南畝《のうねん》村（兵庫県姫路市）がルーツの地名由来の名字。もともとは「長畝」で「ながうね」が「のうね」となったようで、さらに字も南畝となり「のうねん」になりました。ただし、これでは読みにくいので字を「能年」に改めたのでしょう。ちなみに能年玲奈さんも兵庫県出身だそうです。

【名字02】指原（さしはら）

九州を拠点にするHKT48のメンバーの指原莉乃《さしはらりの》さん。この「指原」という名字は、ほぼ九州、大分県に限定される珍しいものです。特に大分市丹川《にかわ》地区に集中し、「佐志原」という名字もあります。古くから丹生《にう》郷としてある地域で丹生川に沿って長く伸びる谷間を、古い言葉で焼畑やまっすぐな地形を指す「さし」という語を使い「さしはら」と呼んだのでしょう。

【名字03】

阿比留

（あびる）

タレントのあびる優《ゆう》さんの「あびる」。本名は漢字で阿比留優さん。めずらしいな、と感じた人も多いでしょう。でも、この「阿比留」は対馬《つしま》で最も多い名字。元は千葉県袖ケ浦付近の安蒜《あんびる》です。平安時代に対馬に渡り、代々対馬の在庁官人（現地駐在の官僚）を務めたのです。対馬は後に宗《そう》氏の勢力が大きくなりましたが「阿比留」の名字は多く残りました。

【名字04】

御手洗

（みたらい）

キヤノンの社長を務め、経団連会長も務めた御手洗冨士夫《みたらいふじお》氏はニュースでよく見かけました。現在はトイレのことを「御手洗い」というので、そこに由来があるように思えますが、実は「御手洗」は「みたらし」と読み、神仏に拝む前に、手を清めるための場所をいいました。川や池が「御手洗」になった場所も多く、地名になることもありました。特に瀬戸内海の大崎下島《おおさきしもじま》の御手洗は有名です。

【名字05】

安住

（あずみ）

TBSの看板アナウンサーともいえる安住紳一郎《あずみしんいちろう》さん。この「あずみ」という読みの名字は何種類かありますが、彼らは古代氏族「阿曇《あずみ》（安曇）」の末裔と考えられるのです。「海人つ持（あまつもち）」が語源とされ、海に関わる一族で各地に移り住みました。長野県の安曇野や滋賀県の安曇川などがその名残です。「安住」は宮城県に多く、北海道出身の安住アナのルーツもそこに関わるかもしれませんね。

珍しい名字▶08

テレビや新聞で見るあの変わった名字の由来は？

【名字06】
妻夫木
（つまぶき）

2001年に映画『ウォーターボーイズ』でブレイクし、数々の映画、ドラマで活躍する俳優の妻夫木聡《つまぶきさとし》さん。NHK大河ドラマで主演の直江兼続を演じるなど、今や日本を代表する俳優です。この「妻夫木」という名字、非常にめずらしい名字で福岡県柳川市に数十世帯集中しています。妻夫木聡さんも柳川市出身。妻、夫を共に含む物語性ありそうな名字なのですが、地名も見当たらず、由来がわからないのです。

【名字07】
有働
（うどう）

紅白歌合戦の司会を務め、朝の情報番組でも人気のNHKの有働由美子《うどうゆみこ》アナウンサー。この「有働」は熊本県独特の名字で、有働アナもご両親が熊本とのこと。その多くが山鹿《やまが》市近辺に集中しています。山鹿市にあった岩原城の城主が有働氏で、古くからこの地域を治めていました。ただし、有働氏のルーツは、ここから少し離れた宇《う》城《き》市三角町の小さな地名だったと考えられます。

【名字08】
具志堅
（ぐしけん）

現在は楽しいキャラクターで人気の具志堅《ぐしけん》用高《ようこう》さん。1970〜80年代にボクシングライトフライ級を13度も防衛した世界チャンピオンでした。この「具志堅」は元チャンピオンの出身地、沖縄に見られる名字で今帰仁城《なきじんぐすく》近くの本部間切《もとぶまぎり》具志堅村がルーツ。真和志《まわし》間切具志堅（那覇市）にも具志堅一族がいて、代々名前に「用」の字を使います。元チャンプがまさにそれです。

【名字 09】

菅

（すが／かん）

菅義偉《すがよしひで》官房長官や菅直人《かんなおと》首相など、「菅」という字は政治のニュースでよく目にします。しかし、菅義偉長官の方は「すが」で菅直人元首相の方は「かん」と読み方が違います。これらのルーツは菅原氏ですが、道真《みちざね》が藤原氏に敗れて以降、菅原氏は衰え地方に移り「菅原」「菅家」「菅」などを名乗ります。「菅さん」はこの末裔で、愛媛や山形では「かん」、秋田などでは「すが」と読む例が多いのです。

【名字 10】

錦織

（にしこり）

テニスのグランドスラムで快進撃を続ける錦織圭《にしこりけい》選手。もはやスーパースターですので、読めない人もいないでしょう。この「錦織」は字のごとく錦を織った古代の職業姓で、ここから「服部《はっとり》」などが派生しています。平家物語では「錦古里」とあるように「にしごり／にしこり」が本来の読みなのでしょうが、読みにくいため「にしきおり」にしている家もあります。少年隊の錦織一清《にしきおりかずきよ》さんなどがその例です。

【名字 11】

古舘

（ふるたち）

報道番組などでおなじみの古舘伊知郎《ふるたちいちろう》アナウンサー。かつてはプロレス中継で巨体のアンドレ・ザ・ジャイアントを「人間山脈、一人民族大移動」と形容するなど鋭い実況が話題になりました。この「古舘」は「古館」と同じで岩手県から青森県八戸周辺に多い名字です。「館」とは小規模な城のことをいい、これに関わる一族だったのかもしれません。

【名字 12】

剛力

（ごうりき）

多くのCMに出演するなどで、瞬く間に知名度を得たタレントの剛力彩芽《ごうりきあやめ》さん。この不思議な名字も、彼女の魅力かも。さて、「剛力」は全国でもかなり少ない希少名字。山伏《やまぶし》や修験者に従い荷物を持つ人を「ごうりき」といい、字は「強力」でした。登山者の荷物を運ぶ人も同じで「剛力」とも書いたのです。静岡県三島市に見られる名字で富士登山に由来すると考えられます。

テレビや新聞で見るあの変わった名字の由来は？

【名字 13】
忽那
（くつな）

オーストラリアからの帰国子女として知られるタレントの忽那汐里《くつなしおり》さん。シドニー出身で日系オーストラリア人3世とのことですが、名字の「忽那」は非常に古いもの。伊予《いよ》国風早《かざはや》郡忽那荘（愛媛県）が発祥で藤原道長の子孫が祖と伝承されます。忽那島を根拠地に海賊として活躍し、南北朝時代には南朝方として勢力を誇ったのです。

【名字 14】
草彅
（くさなぎ）

SMAPのメンバーや俳優として活躍する草彅剛《くさなぎつよし》さん。ほかに「草薙」と書く例もあるのですが、弓偏《ゆみへん》の「彅」の字を使う場合、後三年の役《えき》で弓を使い草を薙《な》いで道案内し、この功で「彅」の字を賜ったという故事から出ています。秋田県に多い名字ですが、わざわざJIS外のこの字を使うには、ちゃんとした理由があるとわかりますね。

COLUMN 新しい田の呼び方

広島カープについてのページで触れなかったのですが主力のひとりに東出輝裕《ひがしであきひろ》選手がいます。この「出」という字は、実は新しい田を開墾したときにつけるもの。「東出」ならば東の新田、という意味です。石川県に多いのですが、東出選手はお隣の福井県出身です。

この新田の呼び方は地域によって異なり、九州地方ならば「丸」となり、かつて阪神タイガースに所属した源五郎丸洋《げんごろうまるひろし》投手や、ラグビー日本代表の五郎丸歩《ごろうまるあゆむ》選手は、その例といえるでしょう。

また、広島地方では新田は「河内」となり、話題になった佐村河内守《さむらごうちまもる》さんは、広島県出身で非常にわかりやすい例です。

今をときめく、あの有名人の
名字はいったい何位？

PART_03

RANKING

日本の名字ランキングベスト500

本章では日本に多い名字の上位500を掲載。
その中でも上位の名字には由来や歴史上の著名人、
どこに多いかなどを解説します。
あなたの名字は入っているでしょうか？

上位100位は地域別に
多いところも
すぐわかる!!

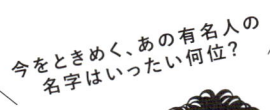

築土神社 蔵

藤原秀郷（ふじわらのひでさと）

10世紀に活躍した武将。俵藤太（田原藤太）の異名があり、藤太は藤原氏の太郎（長男）の意味で、俵は地名ですがどこを指すかは不明です。平将門の討伐に功績があり、下野（栃木県）、武蔵（東京都）の国司と鎮守府将軍（当時の武家の棟梁）となりました。武門の名家として東日本を中心に多くの支族を残しています。

RANKING

第001位

SATOU

佐藤《さとう》

日本ナンバーワンの名字で、東日本にとても多い。もちろん、藤がつくので藤原氏ゆかりです。

DATA

【発祥】

藤原家が左衛門尉を世襲したことから

【分布】

東日本に多く、秋田県、山形県に多い

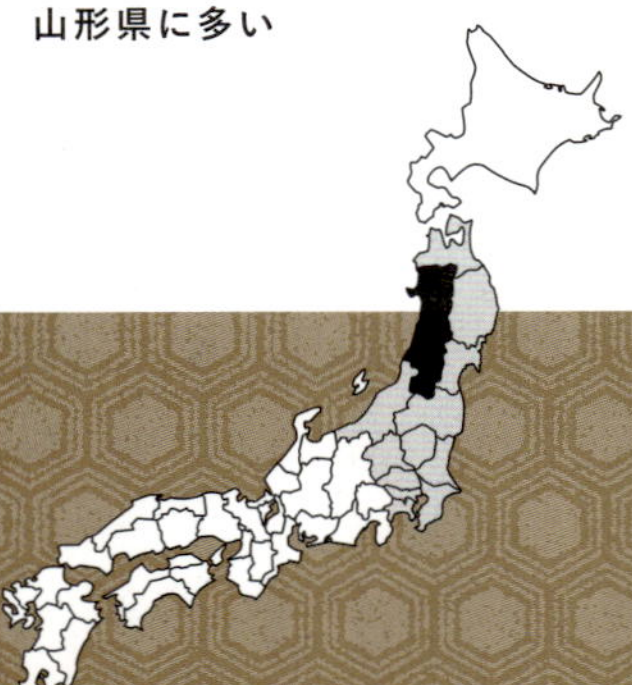

ご先祖は藤原秀郷

日本を代表する名字で、かつては鈴木さんを1位とするランキングもありましたが、現在では、どのランキングでも1位です。

藤がつくため、藤原家にゆかりがある名字。平安時代中期に平将門《たいらのまさかど》討伐で活躍した藤原北家《ほっけ》の藤原秀郷《ふじわらのひでさと》を祖とします。秀郷は下野《しもつけ》(栃木県)、武蔵(埼玉県・東京都)で勢力を誇ったため、関東に子孫が

PICK UP!

SATOU'S INTRODUCTION

【現代の佐藤さんたち】

SATOU'S_02

佐藤浩市（さとう こういち）

もはや名優の域に入った実力派俳優の佐藤浩市さん。お父さんがこれまた名優の三國連太郎さんですが、こちらが芸名。佐藤浩市さんは本名だそうです。名前は映画監督の稲垣浩さんと市川崑さんにあやかったとのこと。

SATOU'S_01

佐藤栄作（さとう えいさく）

1964年から72年まで3期にわたる長期政権を築いた佐藤栄作首相。岸信介首相は実兄に当たりますが、元の名字は佐藤です。この来歴から政治家一家の生まれにも思えますが、実家は山口県熊毛郡の酒造業なのです。

多く残ります。この一族の公《きん》清《きよ》が左衛門尉《さえもんのじょう》という官職に就いたことから「左（佐）」の「藤原」という意味で佐藤とも、佐渡守《さどのかみ》に就いたことから、下野国佐野（栃木県佐野市）に由来するともいわれています。

小倉百人一首にも歌がある平安時代末期の歌人西行《さいぎょう》は、公清を曽祖父とする嫡流の人物。また、福島県の佐藤氏には源義経《よしつね》の郎党として活躍した継信《つぐのぶ》・忠信《ただのぶ》兄弟もいます。

ほかにも、官職の補佐役を「佐《すけ》」といい、この役職に就いた藤原氏が「佐藤」を名乗ったケースもあります。

東日本に非常に多い名字で、特に秋田県と山形県では、全体の7％前後にもおよびます。一般的な県の最多名字が1～3％なので、その傑出ぶりがわかります。

RANKING

第002位

SUZUKI

鈴木《すずき》

かつては日本一多いともされた鈴木さん。ルーツがはっきりしている名字なのです。

熊野は古くから修験道の修行の地とされてきました。この熊野信仰と結びついたのが「鈴木」を名字とした人々。彼らは布教のために全国へ移動し、そこに土着したのです。

DATA

【発祥】
紀伊半島熊野地方

【分布】
東日本全体に多く
関東圏ではトップ

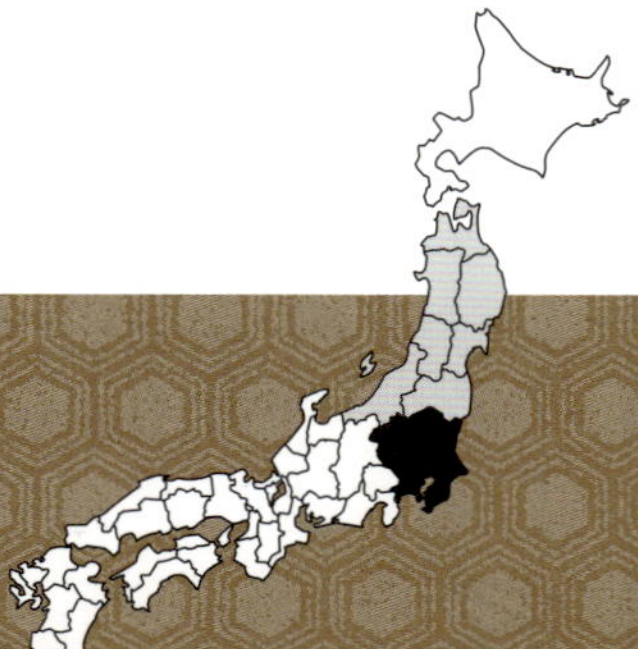

熊野信仰と関わる

かつては日本で一番多いとされましたが、現在は2位。これは統計の偏りが生んだもので、鈴木さんが減ったのではありません。

この名字はルーツがはっきりしており、紀伊半島の熊野が発祥。なぜかは諸説があるのですが、熊野地方では刈りとった後の稲わらを積み上げたものを「すずき」といったことから、というのが有力で

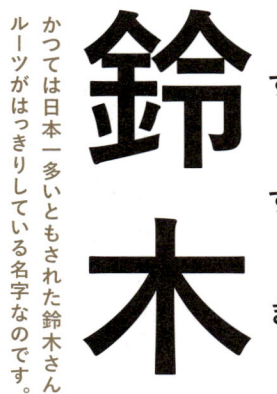

PICK UP!

SUZUKI'S INTRODUCTION

【現代の鈴木さんたち】

SUZUKI'S_01

イチロー（いちろー）

歴史的スーパースターのメジャーリーガー、イチロー選手。彼の本名が鈴木一郎さんだと知る人は多いでしょう。日本2位の名字に一郎ですから、首脳陣が埋没しないように「イチロー」にしたとされます。実は次男です。

SUZUKI'S_02

鈴木 福（すずき ふく）

子役タレントとして人気の鈴木福さん。「福くん」の愛称で親しまれ、芦田愛菜さんと歌った『マル・マル・モリ・モリ！』は記憶に新しいですね。鈴木という名字に福々しい名前が親しみやすさの秘密かもしれません。

す。鈴木氏の姓は「穂積《ほづみ》」でしたので稲作と関係の深い氏族だったと考えられます。

この一族が紀伊国《きいのくに》藤白《ふじしろ》（和歌山県海南市）に移り、王子《おうじ》社《しゃ》の神官となり、熊野信仰と結びつきました。ある人物から広がったというよりも、熊野信仰を布教する人たちの共通の名字として「鈴木」を名乗ったと思われます。

源平合戦の折には、熊野から鈴木重家《しげいえ》・重清《しげきよ》兄弟が出て源義経に従っています。戦国時代に登場する鉄砲衆の雑賀《さいが》孫一《まごいち》も鈴木重秀《しげひで》という人物とされますが関係は不明です。

熊野信仰は布教先に土着する特徴があり、三河に住んだ一族は松平氏（徳川氏）に従い、江戸幕府誕生とともに江戸へ。結果、旗本にいちばん多い名字になったのです。

RANKING

第003位

TAKAHASHI

高橋《たかはし》

日本最多数の地名由来の名字。「高橋」と書く場合も含みます。

むかしは渡し船で川を渡るのが普通。橋はめずらしい存在でした。このため、ランドマークとして地名、名字になったのです。

DATA

【発祥】

各地で発生したが古代氏族にも存在

【分布】

東西まんべんなく分布し、群馬県と愛媛県で最多

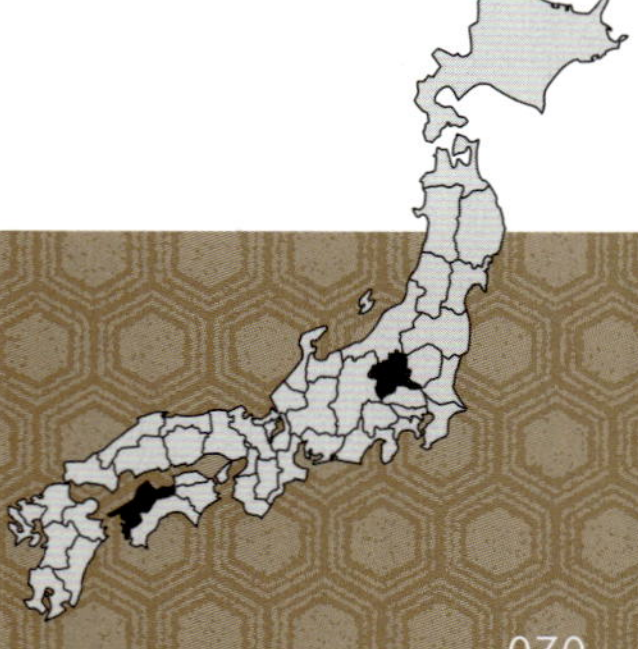

高い橋が由来

高橋さんは日本で一番多い地名由来の名字です。ひとつの地名に由来する名字は広がりに限度があるので、ここまで多くなりませんが、「高橋」の場合、各地で同様の地名ができたため、大きな数になったと考えられます。

当然、この地名があった場所には高い橋があったはずです。現代人の感覚からすると、橋などどこにでもあると感じ

PICK UP!

TAKAHASHI'S INTRODUCTION

【現代の高橋さんたち】

TAKAHASHI'S_01

高橋みなみ（たかはし みなみ）

AKB48で総監督というポジションを務める高橋みなみさん。稀に見るリーダーシップの持ち主ですね。彼女は東京都出身だそうですが、東京は各地から人が集り、由来がわかりにくいのです。どこの高橋なのでしょう。

TAKAHASHI'S_02

高橋大輔（たかはし だいすけ）

男子フィギュアスケートのバンクーバー五輪での銅メダリスト、高橋大輔元選手。岡山県倉敷市の出身です。実は岡山県は「高橋」がランキング10位に入らない県。ですが、瀬戸内を挟んだ愛媛では1位なのです。

ますが、ほんの少し前までは橋よりも渡し船が主だったのですから、橋はめずらしいものだったのです。

　また、橋自体の高さだけでなく、高いところに架けられた橋も含むはずで、深い谷に架かる橋などが想定できます。

　古代氏族の時点で高橋氏は存在し、朝廷の食膳を担当した膳氏《かしわでうじ》の一族。大和国高橋（奈良県天理市）の地名が由来ですが、ここには、どんな橋があったのでしょうね。

　戦国時代に北条《ほうじょう》氏に仕えた高橋氏は三河国高橋郷を発祥とし、小早川《こばやかわ》氏に属した一族は伊予《いよ》国越智《おち》郡高橋郷など、各地に高橋郷がありました。

　これらの高橋という地名から、多くの高橋さんが生まれたため、全国的な名字となっているのです。

RANKING

第004位

TANAKA

田中《たなか》

最多の地形由来の名字。日本人にとって田は大事なものなのです。

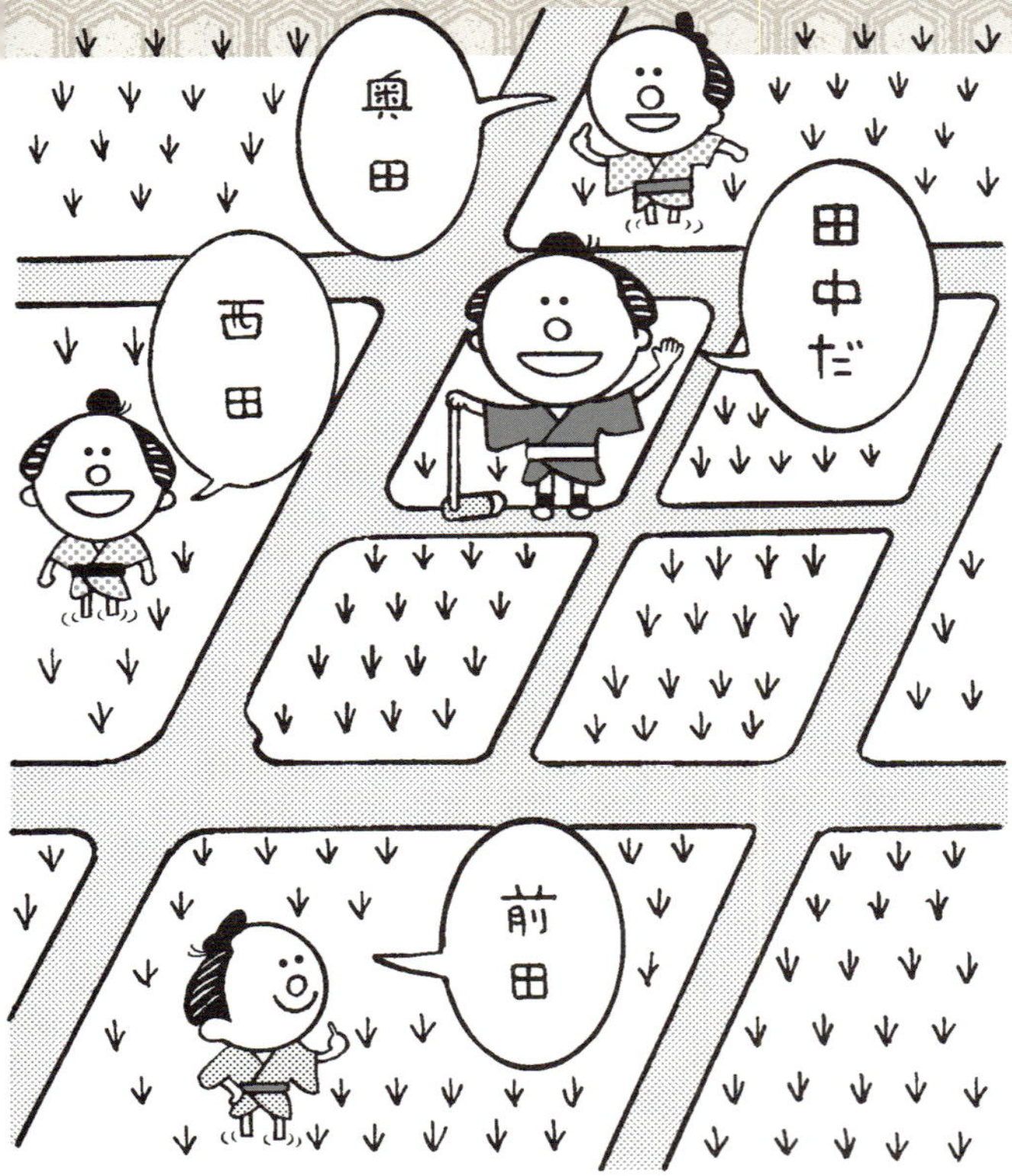

田中さんは、方位方角をつけなかった「田」がつく名字ともいえます。

DATA

【発祥】
各地で発生し、古代にも存在

【分布】
全国に分布も
西日本は特に多い

「田」のど真ん中

地形由来の名字の代表ともいえます。同じようなシチュエーションにつけられるものですので、同じように全国にルーツがあります。

稲作を経済基盤としてきた日本では、田はとても大事な存在です。平安時代に各地に移った人々が大変な労力で荒れ地を開墾し、水田としたのが日本の歴史のキー。これを守るために、武力が必要にな

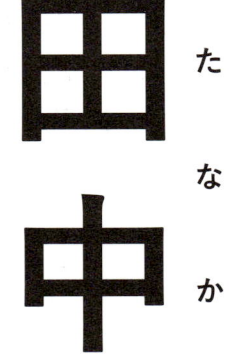

PICK UP!

TANAKA'S INTRODUCTION

【現代の田中さんたち】

TANAKA'S_01

田中角栄（たなか かくえい）

戦後を代表する政治家のひとりである田中角栄元首相。新潟県の貧しい農家の生まれから総理大臣にまで上り詰めた経歴はよく知られています。米作りが盛んな新潟県ですが、「田中」はランキング10位外なのです。

TANAKA'S_02

田中将大（たなか まさひろ）

ニューヨーク・ヤンキースの田中将大投手。彼は兵庫県伊丹市出身ですが、その兵庫県で一番多いのが田中さん。また、現在活躍するアメリカで一番多い日系の名字も田中さんだったりします。

り、武士が台頭したのです。

このため、「田」がつく地名は多く、さまざまな文字と組み合わせて名字にもなりました。「田中さん」は、そのど真ん中、というわけです。

古代にも「田中さん」は存在し、大和国田中（奈良県橿《かし》原《はら》市田中町）発祥。多くの天皇に仕えた伝説上の名臣、武《たけし》内宿禰《うちのすくね》の子孫とされます。

豊臣秀吉に仕え、関ヶ原の戦いでは東軍で参戦、石田《いしだ》三《みつ》成《なり》を捕らえた田中吉政《よしまさ》は、近《おう》江《み》国田中（滋賀県高島市）がルーツ。筑後《ちくご》柳川《やながわ》の大名となりますが、子の代に跡継ぎがおらず、断絶しています。

このほかにも各地に田中の名字はあり、藤原北家、紀氏《きし》、宇多《うだ》源氏、清和《せいわ》源氏など源流はさまざま。多くの流れがあるのです。

RANKING

第005位

WATANABE

渡《わた》辺《なべ》

地名由来で発祥は大阪の1地点。「渡邊」なども含みます。

糸井文庫 蔵

渡辺 綱（わたなべ つな）

平安時代中ごろの武人。嵯峨源氏の出で源綱とも。仁明源氏の源敦の養子となり、源頼光に仕え、坂田金時らとともに頼光四天王とされます。酒呑童子の退治や鬼の腕を切り落とした名刀「髭切」の伝説などが有名です。彼の後も渡辺氏は大阪、瀬戸内で勢力を広げ、佐賀の水軍松浦党も綱を祖としています。

DATA

【発祥】
摂津国西成郡渡辺（大阪市）

【分布】
全国に分布も
東日本は特に多い

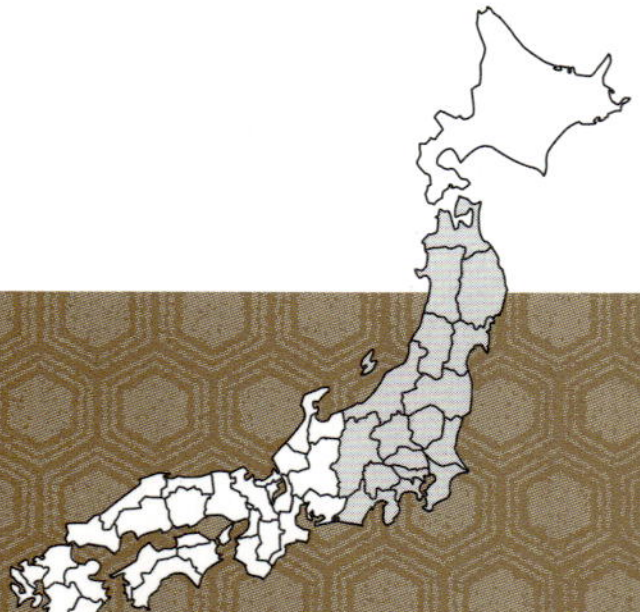

渡辺党として広がる

地名由来の名字は、複数の発生源があって大きな数になるのですが、「渡辺さん」は数が多いのに発祥が1点に絞られる例です。

この名字の祖とされる人物が渡辺綱《わたなべつな》という武人です。歴史の教科書では見かけませんが、金太郎さんのモデルとされる坂田金時《さかたきんとき》らとともに源頼《より》光《みつ》に仕えた人です。この一行は酒呑童子《しゅてんどうじ》の退治や、鬼の腕

PICK UP!

WATANABE'S INTRODUCTION

【現代の渡辺さんたち】

WATANABE'S_01

渡辺麻友（わたなべ まゆ）

AKB48の中心的存在ともいえる渡辺麻友さん。正統派アイドルとして活躍されますが、ご本人はオタク的だとか。出身は埼玉県。なお、埼玉県鴻巣市には渡辺綱が先祖をまつるために建立した宝持寺があります。

WATANABE'S_02

渡辺 謙（わたなべ けん）

今や海外でもその演技が評価される渡辺謙さん。ハリウッドでの評価を確固とした『ラストサムライ』や出世作の『独眼流政宗』など武家の役が記憶に残ります。武人を祖とする「渡辺」らしいですね。新潟県出身。

を名刀「髭切《ひげきり》」で斬った伝説を残しています。豪勇のイメージが強い人ですね。

　この綱を始祖とする一族が渡辺党となり、大坂や瀬戸内で勢力を広げ、源平合戦でも登場します。また、この一族には綱のように、名前を1字とする伝統があります。

　渡辺党は瀬戸内の水運などに乗って各地に氏族を広げます。この中には三河に移った一族もあり、家康以前の松平氏に仕え、江戸時代には尾張《おわり》藩家老の家となります。

　備後《びんご》国沼隈《ぬまくさ》郡（広島県福山市）の渡辺氏は、鎌倉末期にここへ移り、戦国時代は毛利氏に所属。ほかにも、隠岐《おき》や秋月藩にも渡辺氏はいます。

　旧字体の「渡邊」「渡邉」のほか、字を変えた「渡部」などもルーツは同じです。

伊《い》藤《とう》

下に「藤」がつく藤原系名字。伊勢の藤原氏が原点。

伊勢国に住んだ藤原氏ですが、藤原秀郷の流れを汲み、武家としての性格が強かったようです。

平家方の武将も出た

名字の下に「藤《とう》」がつく藤原氏ゆかりの名字です。佐藤さんと同じく、藤原北家の藤原秀郷《ひでさと》の流れで、秀郷の子孫である尾藤基景《びとうもとかげ》が平安時代に伊勢守《いせのかみ》となって、伊勢国（三重県）に住んだことがはじまり。「伊勢の藤原」の意味で、子孫が伊藤氏を称しました。

伊勢では後に平清盛を出す伊勢平氏が勢力を誇り、伊藤氏はこれに従います。保元《ほげん》

DATA

【発祥】

伊勢国（三重県）

【分布】

発祥地の三重県や岐阜県、愛知県も多い

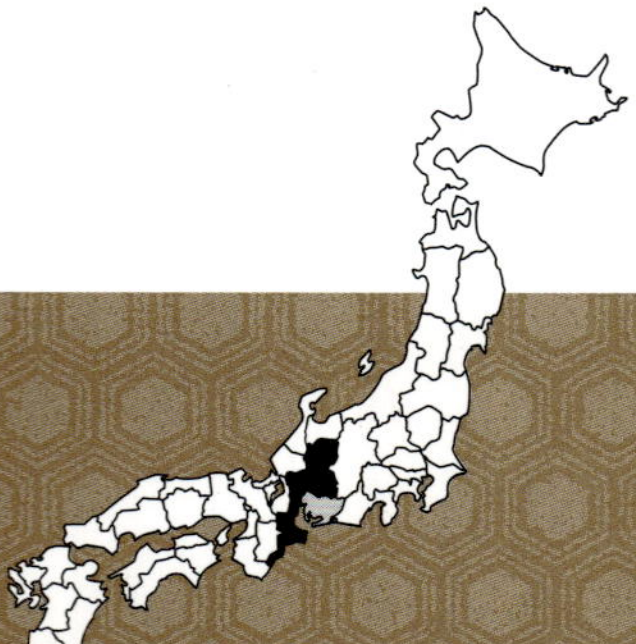

PICK UP!

ITOU'S INTRODUCTION

【現代の伊藤さんたち】

ITOU'S_01

伊藤博文（いとう ひろぶみ）

初代を含む4度の総理大臣となった伊藤博文。長州藩の出身で吉田松陰の松下村塾に学び、明治維新後に権力を握りました。伊予の河野氏の末裔としており、元は林氏。伊藤を名乗ったのは後のことです。

ITOU'S_02

伊藤英明（いとう ひであき）

映画『海猿』シリーズなどでタフな役柄を演じる伊藤英明さん。出身は岐阜県とのこと。ずばり、伊藤さんが多い地域の出です。伊藤氏は武家として力を持った氏族。そのタフネスの源でしょうか。

の乱や平治《へいじ》の乱では伊藤景綱《いとうかげつな》が平家の有力武将として活躍。彼も伊勢守となっています。

一族は全国に広まりますが、それでも伊勢は伊藤の根拠地。現在でも、伊藤氏は旧伊勢国（三重県）に非常に多く、近県の岐阜県でも2位、愛知県でも3位と東海地方を中心に分布しています。「井藤」と書くのも同じ流れです。

この地域の伊藤氏からは、名古屋の伊藤財閥が出ています。織田信長にも仕えた伊藤祐道《すけみち》が祖で、祐道が名古屋で始めた呉服小間物商が後に、いとう呉服店となり、現在の松坂屋につながっています。

また、大垣城主だった伊藤盛正《もりまさ》は関ヶ原の戦いで城を石田三成に明け渡して西軍に所属。このため、戦後に改易されてしまいました。

RANKING
第007位
YAMAMOTO

山本
やまもと

非常に多い地形由来の名字。もちろん、山のふもとを意味します。

平地は水田として利用し、家は山のふもとに建てるのが古き日本のライフスタイル。ここから山本さんが生まれました。

DATA

【発祥】
全国各地で発生

【分布】
全国に分布も
特に西日本に多い

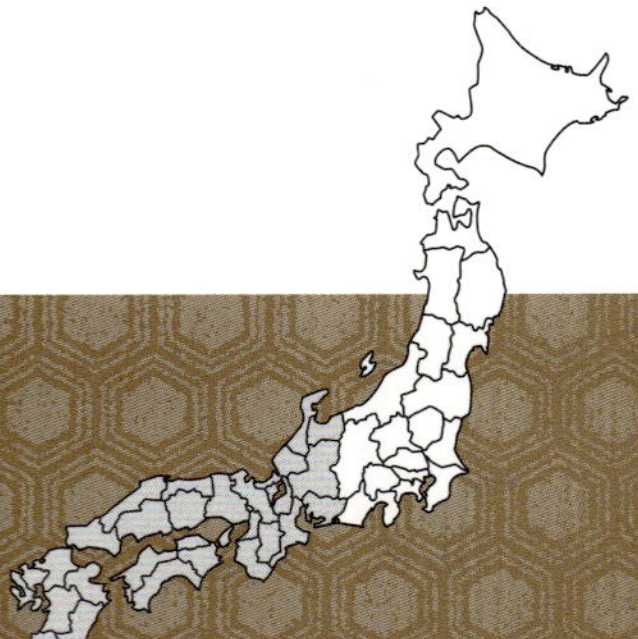

古来の集落から

地形由来の名字の中でも、田中と並んで非常に多いものです。特に西日本では多く、代表する名字のひとつ。

現在は平地に住む人が多い日本ですが、これは近世以降に増えたライフスタイルです。今でも農村地帯にいくと、川に近い部分は水田として開発され、山のふもとに向かった一本道の脇に家があるのを見ることがありますね。これが、

PICK UP!

YAMAMOTO'S INTRODUCTION

【現代の山本さんたち】

YAMAMOTO'S_01

山本五十六（やまもと いそろく）

太平洋戦争時の連合艦隊司令長官、山本五十六。越後長岡藩の高野家の生まれ。長岡藩は戊辰戦争で多くの藩士を失ったため、五十六は長岡藩家老家の山本家を継ぎました。このため、山本勘助の家系とされます。

YAMAMOTO'S_02

山本 昌（やまもと まさ）

プロ野球の最年長記録更新を続ける山本昌投手。本名は山本昌広で出身は神奈川県茅ケ崎市。ドラゴンズに山本が二人になったことから、「山本昌」と記され、後に登録名に。山本さんの多さが生んだ逸話です。

昔からの日本の集落のつくりで、そんな場所から「山本さん」が生まれてきました。

よく知られている「山本さん」といえば、武田信玄《たけだしんげん》の軍師、山本勘助《かんすけ》がいます。存在に疑問符もあった人物ですが、近年、その名に近い人物も確認されています。勘助は三河の生まれとする説があり、同じ流れからは徳川家康に仕えた山本家があります。こちらは長岡藩の重臣の家に。連合艦隊司令長官の山本五十六《いそろく》もこの家系とされます。

江戸初期の僧、良寛《りょうかん》の生家も山本家で代々出雲崎《いずもざき》の名主でした。

富山県より西の8県で最多と西日本に多く見られる「山本さん」ですが、鹿児島や宮崎では「山元」と書くことも多いのです。

RANKING

第008位

NAKAMURA

中村《なかむら》

地名由来とも地形由来ともされる名字。「中心になる村」がその意味。

中村は、ほかの村に対して中心の村の意味。
地名も「中村」であることが多かったのです。

DATA

【発祥】
全国各地で発生

【分布】
全国にまんべんなく分布

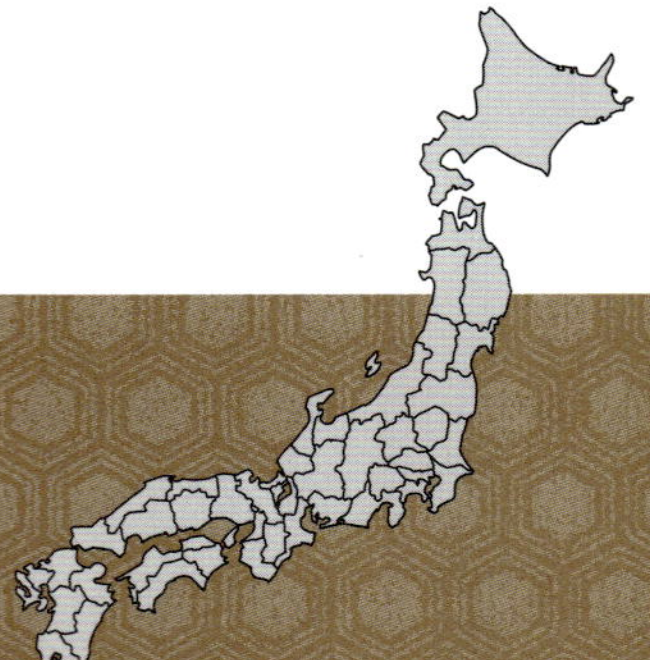

最多の地名？

地名由来とも考えられますし、地形由来でもある名字です。「中心となる村」のことで、周囲の村の本村という意味では方位方角を表すものです。が、そんな村は、たいてい「中村」が地名ですので、地名由来ともいえます。地名として考えれば、「中村」は一番多いという説もあるので、あちこちで「中村さん」が生まれました。

PICK UP!

NAKAMURA'S INTRODUCTION

【現代の中村さんたち】

NAKAMURA'S_01

中村勘九郎（なかむら かんくろう）

18代目中村勘三郎さんの息子で歌舞伎役者の6代目中村勘九郎さん。実は歌舞伎の「中村さん」は中村屋の屋号です。このため、本名は波野雅行さん。代々、名跡（芸名）を継いでいるのです。

NAKAMURA'S_02

中村俊介（なかむら しゅんすけ）

サッカー日本代表として長く活躍した中村俊介選手。セリエAセルティックでの名キッカーとしての存在感は特別でした。出身は神奈川県横浜市。人口流入の多い神奈川では、中村は9位。地域差が出にくい県です。

　ルーツとしては、相模国《さがみ》の中村荘《しょう》（神奈川県小田原市付近）が有名。桓武《かんむ》平氏の一族、土屋氏、二宮氏、土肥《どい》氏などの支族が出ています。

　戦国時代、豊臣秀吉に仕えた中村一氏《かずうじ》は山崎の戦いや賤《しず》ヶ岳《がだけ》の戦いなどで活躍し、三中老のひとりとなります。関ヶ原の戦いでは東軍に属すのですが、合戦の直前に急死。子が米子《よなご》城主になりますが、すぐに断絶となりました。

　清和源氏武田氏（武田信玄の家系）からも中村氏が出ており、足利尊氏《あしかがたかうじ》に従った一族は安芸《あき》国（広島県）へ移り、安芸武田氏に属します。後には長州藩士にもなっています。

　ほかにも各地に「中村さん」はあり、その源流も多岐にわたります。それだけ「中村」の地名が多かったわけです。

RANKING

第009位

KOBAYASHI

小林《こばやし》

地形由来の名字で長野県に多い。意味は「雑木林のような小さな林」です。

一茶記念館 蔵

小林一茶（こばやし いっさ）

小林一茶は俳人にして本百姓でしたが、その生家は信濃国北国街道柏原宿（長野県上水内郡信濃町大字柏原）。ズバリ、「小林さん」の多い地域です。

DATA

【発祥】

全国各地で発祥

【分布】

長野県を中心に
群馬県と山梨県も多い

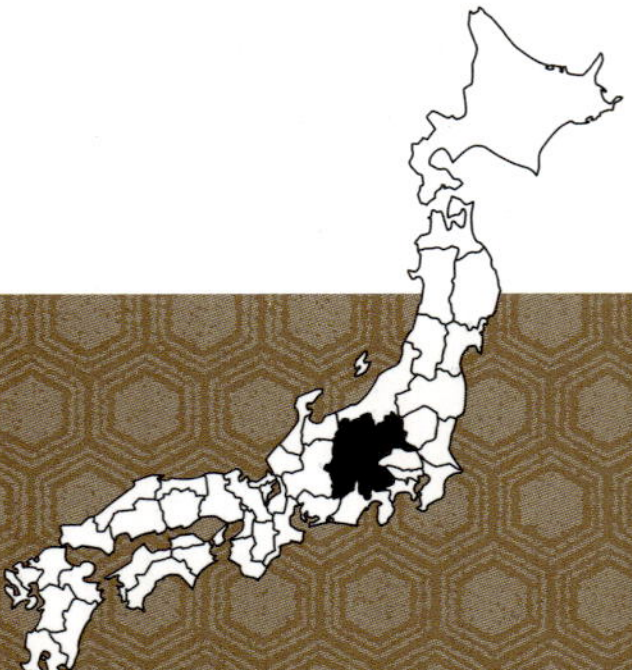

上杉、武田などにゆかり

雑木林のような小さな林を意味する地形由来の名字です。こういった場所は、各地にありましたので、全国に発祥地があります。時に、長野県と群馬県には「小林」という地名が古くからあり、早くから小林一族が存在しました。

長野県では信濃《しなの》国伊那《いな》郡小林村（飯田市）が有名。諏訪《すわ》神社の大祝《おおほうり》一族である諏訪氏の一族がここに住み、小林

PICK UP!

KOBAYASHI'S INTRODUCTION

【現代の小林さんたち】

KOBAYASHI'S_01

小林秀雄（こばやし ひでお）

昭和を代表する批評家の小林秀雄。生まれは東京都ですが、本籍地は兵庫県出石郡で父は蓄音機のルビー針などを開発した技術者。この小林家の祖先は信濃国上田で仙石氏の家臣だったとされます。

KOBAYASHI'S_02

小林幸子（こばやし さちこ）

紅白歌合戦のものすごい衣装などで知られる演歌歌手の小林幸子さん。本名は同じで出身は新潟県新潟市。新潟も長野県に近く、小林さんは第3位。小林さんの多い、雪深い地域は演歌が似合いますね。

を名乗ったのがルーツです。

群馬県は上野国《こうずけ》緑野《みどりの》郡小林（藤岡市）発祥の小林氏が知られます。鎌倉時代の歴史書『吾妻鏡《あづまかがみ》』にも「小林党」として名がみえます。戦国時代には、関東管領上杉家に属し、後に上杉謙信《けんしん》に仕えています。江戸時代には上杉家の移封《いほう》に合わせ米沢に移り、藩士となっています。

また、甲斐《かい》国（山梨県）をルーツにする小林一族もあり、武田信玄に仕えましたが、武田が滅亡すると帰農しています。都留《つる》郡大原《おおはら》荘《しょう》船津《ふなつ》（南都留郡富士河口湖町）の一族は小山田《おやまだ》氏に仕えました。新潟市今井に移り住んだ小林家も元は武田家臣のようです。

「小林さん」は全国にルーツを持ちながらも、長野県とその近県に多い名字といえます。

RANKING

第010位

KATO

加藤《かとう》

下に「藤」がつく藤原氏を祖とする名字。「加賀の藤家」で加藤なのです。

名古屋市秀吉清正記念館 蔵

加藤清正（かとう きよまさ）

戦国～江戸時代の武将、大名。尾張（愛知県）に生まれ、豊臣秀吉の小姓となります。賤ヶ岳の戦いでは七本槍のひとりとして活躍。秀吉の九州攻めの後に肥後国の大名となり熊本城を築城します。関ヶ原の戦いでは東軍に属し、戦後は肥後52万石を領す大大名となりました。石垣の技術者を多く抱え、築城の名人ともされます。

DATA

【発祥】

加賀国（石川県）

【分布】

東海地方を中心に
東日本に多い

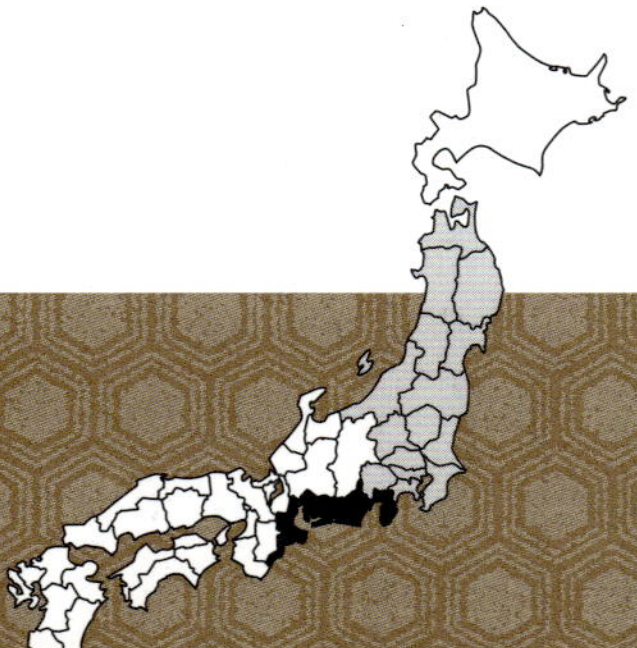

武家に多い「加藤さん」

加藤は下に「藤《とう》」がつく名字ですので、藤原氏の子孫です。藤原景通《かげみち》が加賀介《かがのすけ》となり、加藤を名乗ったのがルーツ。

しかし、その子の景員《かげかず》（景清）は伊勢に移り、ここから伊勢加藤氏がはじまります。加藤一族は東海地方を中心に広まり、現在でも「加藤さん」はこの地域に集中しています。

特に景員の次男の景廉《かげかど》が美濃《みの》国（岐阜県）に移った後に加

PICK UP!

KATOU'S INTRODUCTION

【現代の加藤さんたち】

KATOU'S_01

加藤 茶（かとう ちゃ）

ドリフターズの加藤茶さん。近年はコメディアンとして知られますが、元々ドリフターズはバンドであり、彼はドラマーです。本名は加藤英文さんで、生まれは東京、育ちは父上の実家、福島だそうです。

KATOU'S_02

加藤浩次（かとう こうじ）

本業のお笑いタレントだけでなく、キャスターや俳優としても活躍する加藤浩次さん。本名は加藤浩二さんで北海道小樽市の出身とのこと。北海道はほかの地域から移った家が多く、ルーツを知りたくなりますね。

藤氏は繁栄しています。

「加藤」といえば、有名なのが熊本城を築いた加藤清正《きよまさ》ですが、生まれは尾張国（愛知県）とされ、祖父が美濃の斎藤道三《どうさん》に仕えています。まさに加藤さんが多い地域です。

この清正と同じく「賤ヶ岳の七本槍」のひとり、加藤嘉《よし》明《あき》は三河の生まれで父は松平氏の家臣とされます。嘉明は伊予、次に会津の大名となり、子の代に改易されますが、後に近江水口藩として再興。

この時代には加藤光泰《みつやす》という武将も出ており、こちらは美濃の生まれ。藤原北家の流れと考えられます。この家は伊予大洲《おおず》藩主として続きます。「加藤さん」の多い東海地方は、織田信長、豊臣秀吉、徳川家康の出身地。このため、加藤氏は武家が多いのです。

COLUMN

実は10位？

SAITOU

斎藤《さいとう》

「斎藤」さんには「斉藤」「齋藤」「齊藤」の書き方が。これを合わせると、実は10位になります。

加賀
越前
伊勢神宮の斎宮頭になったので斎藤です

越前の藤原さんの次男が伊勢神宮の斎宮頭に任官します。ここから実家の越前、加賀と北陸一帯に斎藤さんが広がりました。

DATA

【発祥】
藤原家の一族が斎宮頭になったため

【分布】
東北を中心に東日本に多く、西日本は「齊藤」が中心

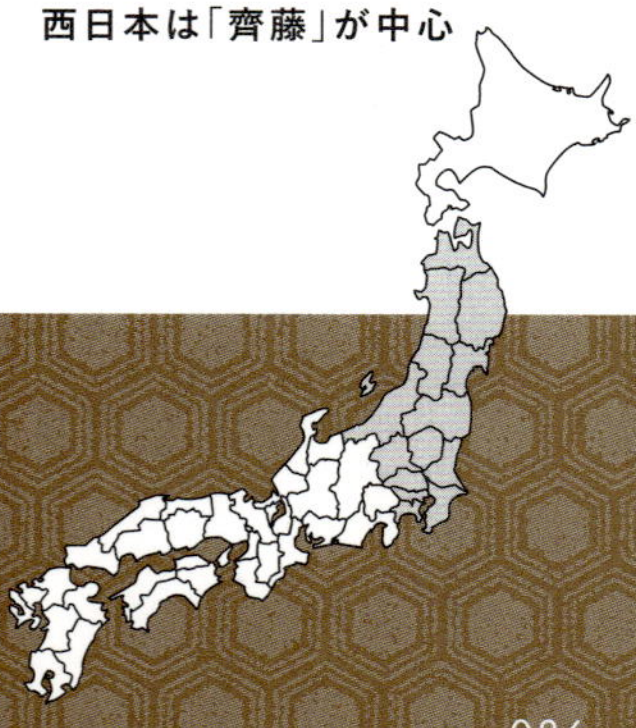

合わせると10位

「斎藤さん」は名字ランキング15位です。それだけならば、ここで掲載しません。本書のランキングは旧字体を同じ名字としていますので「齋藤さん」もこれに含みます。

しかし、まったく同じルーツの名字に「斉藤さん」と、その旧字体「齊藤さん」があり、こちらはランキング38位。これを合わせると実は10位の加藤さんを超えるのです。そ

PICK UP!

SAITOU'S DIVISION

【斎藤さん、分化の想像図】

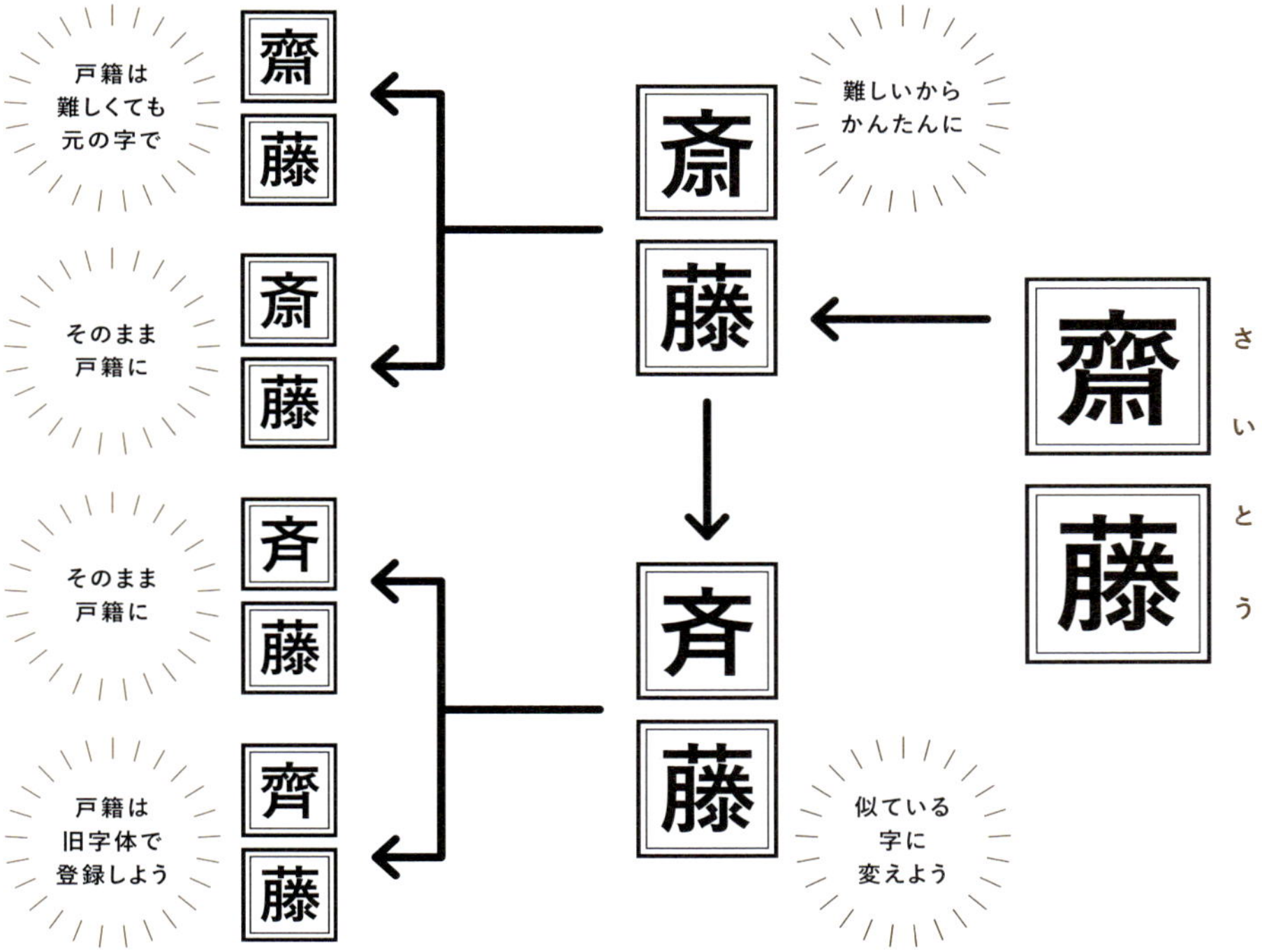
齋
藤
さいとう
難しいから
かんたんに
斎
藤
似ている
字に
変えよう
斉
藤
戸籍は
難しくても
元の字で
齋
藤
そのまま
戸籍に
斎
藤
そのまま
戸籍に
斉
藤
戸籍は
旧字体で
登録しよう
齊
藤

そもそもは旧字体の「齋藤さん」ですが、当時はこれを筆で書くわけです。あまりに難しいので「斎藤さん」とします。中には、別の字でも似ていて音も同じの「斉藤さん」とする人も。さらに戸籍登録時に旧字体と新字体に分かれるのです。

んなわけで、ここではイレギュラーですが「斎藤さん」「斎藤さん」を解説します。

下に「藤《とう》」がつく藤原氏の流れをくむ名字で、平安時代中期の武人、藤原利仁《ふじわらのとしひと》の子叙用《のぶもち》が伊勢神宮の斎宮頭《さいくうのかみ》となったことから斎藤を称しました。その孫が加賀介《かがのすけ》となり祖の加賀斎藤氏になります。利仁自身が越前国を本拠としたことから、一族は越前から北陸一帯に広がったのです。

戦国時代の斎藤道三《さいとうどうさん》は、元は長井氏。美濃《みの》に移って実権を握っていた越前斎藤氏の流れの名跡を継ぎ、斎藤氏を名乗りました。

上で説明しているように本来は旧字体の「齋藤」の字。しかし、難しいことから別の書き方が生まれたのです。

RANKING

第011位

YOSHIDA

吉田《よしだ》

良い水田になるようにという願いを込めた、「良し田」が元の瑞祥系の名字です。

松陰神社 蔵

吉田松陰（よしだ しょういん）

幕末の武士、思想家、指導者。長州藩士杉百合之助の次男に生まれ、幼少期に山鹿流兵学師範の吉田大輔の養子に。佐久間象山に学び、ペリー来航などを見て、討幕を志向します。松下村塾を開き、高杉晋作や久坂玄瑞、伊藤博文らを教えますが、安政の大獄に連座し処刑されました。本名は吉田矩方（のりかた）で通称寅次郎。松陰は号です。

DATA

【発祥】
「良し田」になるようにとの意味など

【分布】
日本各地にまんべんなく分布

良い田になってほしい

稲作中心の日本では、土地を開墾し新しく田をつくることは大切な事業でした。そして、新しい田が良質なものであることを期待したのは、共通する願いです。この祈りを込めた地名が「吉田」であり、この地名から出た名字です。

全国的にまんべんなく多い名字ですが、京都にある吉田神社の祀官《ぎかん》一族も吉田氏で、これは古代氏族の卜部《うらべ》氏が元。ここからは『徒然草《つれづれぐさ》』で有名な吉田兼好《けんこう》も出ています。

「吉田」のもう一つの由来に葦《あし》が「悪《あ》し」に通じることから「良《よ》し」に変えたことがあります。葦の茂る田を「よしだ」としたわけです。この「吉田」は近畿に多いようです。

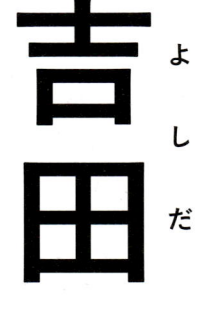

RANKING

第012位

YAMADA

山田《やまだ》

山にある田を意味する地形由来の名字。山も水田化した日本ならではのものです。

山田洋二（やまだ ようじ）

『男はつらいよ』シリーズや『学校』シリーズなどで知られる映画監督の山田洋二さん。ユーモアを織り交ぜながらも、優しい視点で人間ドラマを描き上げる手腕はさすがです。寅さんは葛飾区柴又の生まれですが、監督は大阪府豊中市出身。大阪では「山田」は8位で近畿は山田が多い地域です。

DATA

【発祥】

「山にある田」の意味

【分布】

日本各地に
まんべんなく分布

日本的な普通の名字

山の多い日本では、山間部でも水田化しました。このため、地形に由来する名字には「山」「田」のつく名字が多く、その両方を使った代表的名字です。さまざまな書類の記載例に「山田太郎」と書かれるなど、日本的な普通の名字なのです。古代豪族の時代にも山田氏は存在し、河内国河野郡山田（大阪府枚方市《ひらかた》）発祥で渡来系の氏族です。

有名なのは尾張国山田郡玉田荘（愛知県名古屋市北区）の山田氏。清和源氏で源平合戦では源行家《ゆきいえ》に従軍。鎌倉時代には御家人になっています。

信濃《しなの》の諏訪《すわ》一族にも山田氏があり、木曽義仲《きそよしなか》に従った山田氏もこれに近いようです。

勝楽寺 蔵

佐々木道誉（ささき どうよ）

鎌倉末～南北朝時代の武将。宇多源氏佐々木氏の支族である京極氏に生まれ、後に佐々木氏を継ぎます。権威を軽視し華美な服装を好む婆沙羅（ばさら）大名としても知られます。近江を中心に勢力を保ち、終始足利尊氏に味方します。これが室町幕府成立に大きな影響を与えました。子孫は京極氏として戦国大名になっていきます。

RANKING

第013位

SASAKI

佐《さ》々《さ》木《き》

発祥が1点に絞られる地名由来の名字。宇多源氏佐々木氏として多くの武家を生みました。

DATA

【発祥】
近江国蒲生郡佐々木

【分布】
東北や中国地方に多い

近江を本拠に

地名由来ですが、発祥が1点に絞られる名字です。

近江国蒲生《がもう》郡佐々木（滋賀県近江八幡市安土町）がルーツで、この地には現在も沙沙《ささ》貴《き》神社があり、「佐々木氏発祥の地」の碑もあります。

宇多《うだ》天皇の子孫である宇多源氏は公家と武家に分かれましたが、武家となったのがこの地の佐々木氏です。源平合戦では源頼朝に仕え、各地で一族が守護になり、全国に広がります。嫡流は六角《ろっかく》氏となり、支族の京極《きょうごく》氏からは南北朝時代に活躍した佐々木道《どう》誉《よ》が出て、一族は戦国時代に大名化していきます。朽木《くつき》氏、尼子《あまご》氏、隠岐《おき》氏、塩谷氏なども佐々木氏です。

RANKING
第014位
YAMAGUCHI

山口《やまぐち》

「山の入り口」を意味する地形由来の名字。各地にありますが、もちろん山口市発祥もあります。

山口百恵（やまぐち ももえ）

1970年代に歌手、女優として活躍した山口百恵さん。映画などで共演が多かった三浦友和さんと結婚し、これと同時に芸能界をスパッと引退されました。現在は友和さんの名字になり、三浦百恵さんです。神奈川県出身のようですが、現在の名字の「三浦」が、神奈川県発祥だったりします。

DATA

【発祥】
「山の入り口」を意味する

【分布】
全国に分布し、九州に多い

山口市発祥も

「山の入り口」からきている地形由来の名字です。日本は山が多い国なので、これに当てはまる場所も多く、全国にあります。「山口」といえば山口県ですが、県名と同じ名字としては最多です。ちなみに、常陸《ひたち》牛久《うしく》藩主の山口家は周防《すおう》国吉敷《よしき》郡山口（山口県山口市）発祥で尾張に移り、徳川家康に仕えた一族です。

古代豪族にも山口氏はあり、大和国城上《しきのかみ》郡長谷郷山口（奈良県桜井市）発祥で武内宿《たけしうちのすく》禰《ね》の子孫といいます。

関西の山口財閥は大和国山口村の出で、大阪に移り呉服商を営んだもの。明治維新後に山口銀行を設立し、これが三和銀行となりました。

RANKING

第016位

MATSUMOTO

松本《まつもと》

「松の木のたもと」を意味する地形由来の名字。松は縁起のいい木のため、多く使われました。

松本清張（まつもと せいちょう）

戦後を代表する小説家の松本清張。歴史小説などでも知られますが、テレビドラマ化された多くの推理小説でも有名。本名は名前を「きよはる」と読みます。父の元の名字は田中で鳥取県出身。そこから広島に移ったようで、清張は広島に生まれ、小倉市で出生届けを出されたとされます。文豪の出生に混乱期の世相が見えますね。

DATA

【発祥】
「松の木のたもと」を意味する

【分布】
西日本、特に関西圏に多い

松は聖なる木

松は日本で最も一般的とされる木で、松飾りなど聖なる木ともいわれてきました。ここから縁起のいいものとして、「松」は多くの名字に使われました。

長野県に松本市がありますが、この名と松本氏は関連がないようです。ただし、信濃国発祥の松本氏はあり、清和源氏の出です。

陸奥《むつ》国では柴波《しば》郡松本（岩手県柴波郡柴波町）発祥の松本氏が斯波《しば》氏に仕えました。下総国海上《うなかみ》郡松本村（千葉県銚子市松本）発祥の松本氏は桓武平氏千葉氏の一族です。

このように、各地の地名からも「松本さん」は生まれています。

※15位は「斎藤」でP86に掲載しています

RANKING
第017位
INOUE

井上《いのうえ》

「井戸など水汲み場の上」を意味する名字。地名もありますが、地形由来といえます。

井上陽水（いのうえ ようすい）

1970年代以降、日本の音楽シーンをけん引し続けるミュージシャンの井上陽水さん。本名は同じ字で「あきみ」と読むそうです。デビュー時は「アンドレ・カンドレ」なんていう芸名でした。福岡県出身でお父さんは高知県の出。どちらも「井上さん」がベスト10に入る県です。

DATA

【発祥】
「井戸など
水汲み場の上」の意

【分布】
西日本に分布し、
兵庫県、福岡県に多い

「井下さん」は少ない

「井」は井戸だけでなく、水汲み場のことを意味し、その上の方に住んでいた家を示す地形由来の名字です。水汲み場は低いところにあるため、この下に住む人はあまりいません。このため「井下さん」は少ないようです。

地名としては信濃国高井郡井上（長野県須坂市）があり、信濃川沿いになります。ここ発祥の清和源氏の支流に井上氏があり、木曽義仲の家臣に名が見えます。この一族の播《はり》磨《ま》井上氏は旗本となって井上流砲術を開きました。安芸《あき》の井上氏も同族で、毛利氏の重臣でしたが、嫡流はその毛利に滅ぼされます。残った一族は長州藩士となりました。

RANKING

第018位

KIMURA

木《き》村《むら》

地名に由来する名字ですが、ルーツはそれほど多くない名字です。

木村拓哉（きむら たくや）

SMAPのメンバーとして、歌手や俳優として活躍する木村拓哉さん。「キムタク」のニックネームで有名です。主演ドラマの多くがヒットし、『HERO』は視聴率30%を超す人気となりました。現在を代表する「カッコいい人」ですね。東京都出身で千葉県で育ったそうですが、どちらも木村はあまり多くない場所です。

DATA

【発祥】

近江国蒲生郡木村など

【分布】

全国に
ほぼまんべんなく分布

豊臣家臣にも木村氏

ランキング上位の名字には、ルーツになる地名が多いものですが、「木村さん」の場合、地名はある程度、限られています。

近江国蒲生《がもう》郡木村（滋賀県東近江市木村町）発祥の木村氏は、宇多源氏佐々木氏の流れとしています。豊臣秀吉に仕えた木村定重《さだしげ》や子の重茲《しげこれ》はこの流れとしており、重茲の子の重成《しげなり》は大坂の陣で豊臣方につき、戦死しています。

下野《しもつけ》国都賀《つが》郡木村（栃木県栃木市都賀町木）発祥の一族は藤原秀郷の流れで、足利有《あしかがあり》綱《つな》の5男信綱《のぶつな》が木村を称したのがはじめで『吾妻鏡』にも登場します。陸奥の木村氏もこの流れであるようです。

RANKING

第019位

HAYASHI

林《はやし》

「木の茂る場所＝林」からきた地形由来の名字。「拝志」「拝師」由来のものもあります。

林真理子（はやし まりこ）

1980年代からエッセイスト、小説家として活躍する林真理子さん。女性的でライトなエッセイの数々が、女性が社会進出した時代と重なり、支持を得ました。山梨県山梨市出身で実家は書店だそうです。その山梨県では「林」は多くないほうで50位にも入っていません。結婚されて現在の名字は「東郷さん」のようです。

DATA

【発祥】
「木の茂る場所＝林」の地形から

【分布】
北陸を中心に東海地方にかけて多い

「拝志」などからも

木が茂る場所が林なので、ここから来た地形由来の名字です。しかし、古代氏族の林氏が河内国志紀郡拝志《はやし》郷（大阪府藤井寺市）発祥であるように、「拝志」「拝師」といった地名由来の名字もあります。

加賀国石川郡拝師郷（石川県石川郡野々市町）発祥の林氏は、藤原北家の斎藤氏の一族で、木曽義仲の挙兵に応じた林光明《みつあき》などがいます。

江戸幕府の儒官を務めた林氏も加賀発祥とされ、初代の林羅山《らざん》は徳川家康に仕えた人物です。

常陸国鹿島《かしま》郡林（茨城県鹿嶋市林）発祥の一族は桓武平氏大掾《だいじょう》氏から分かれたもので、林城を本拠としました。

RANKING

第020位

SHIMIZU

清水《しみず》

「清水が湧く場所」を意味する地形由来の名字。清水は山によく湧くので山間部によく見られます。

清水ミチコ（しみず みちこ）

お笑いタレントの清水ミチコさん。おそろしいほどの数のモノマネレパートリーを誇り、矢野顕子さんや桃井かおりさんのモノマネが有名です。岐阜県高山市出身。山の多いところですが名字と関連はあるのでしょうか。現在は結婚されているので、「清水」は旧姓となっています。

DATA

【発祥】

「清水が湧く場所」の意味

【分布】

長野県、山梨県、群馬県の県境付近に多い

清水宗治が有名

「清水が湧く場所」を意味する地形由来の名字です。山の多い地域でよく見られます。

豊臣秀吉の水攻めで有名な清水宗治《むねはる》は備中《びっちゅう》国賀陽《かよう》郡清水村（岡山県総社市）発祥の清水氏で、桓武平氏の出。宗治は毛利氏に従い、備中高松城を守備しますが、秀吉の水攻めの後に自刃しています。この子孫は毛利に仕え長州藩士となっています。また、一族には、伊達《だて》政宗《まさむね》に仕えた清水長治《ながはる》もいて仙台藩士となっています。

江戸末期の博徒である清《し》水《みずの》次《じ》郎《ろ》長《ちょう》は、本名が山本長《ちょう》五《ご》郎《ろう》です。清水港を本拠としたため、「清水港の次郎八の家の長五郎」という意味です。

COLUMN

RULE of MYOUJI RANKING

名字ランキングってどう決めているの？

本書のルール

本書のランキングは、監修の森岡浩氏によるランキングで、元は紙の電話帳です。この場合、掲載順から読みが推測できる利点があります。また、本ランキングでは、右のルールを設けています。

1. 新旧字体や異体字などは同じ名字としてカウント。「斎藤」「齋藤」は同
2. 同じ字でも読みが違う場合は別の名字とする。「河野」は「かわの」「こうの」で別
3. 読みの清濁や音便の違いだけのときは同じ名字とする。「やまさき」「やまざき」は同
4. 同じ読みでも漢字が異なるときは別の名字とする。「中島」「中嶋」は別

公式ランキングはない

海外では政府などが名字や名前についての統計をとり、発表している国もありますが、日本では国勢調査をやっても、名字のカウントはされていません。このため、公式のランキングは存在せず、各種ランキングもサンプル調査でしかありません。

1972年に発表された佐《さ》久《く》間《ま》英《えい》氏のランキングの場合、家族4人がかりで7年半かけて作成したというもの。はじめて全国規模で発表されたため話題になりました。ただし、サンプルにやや偏りがあったようで、このため、「ランキング1位が鈴木」となってしまうなど、疑問点があります。

次に、有名になったのが第一生命によるランキングです。契約者約1000万人のデータを分析したのでサンプル数も多くなっています。ただし、当時のコンピューターでは漢字の処理ができず、すべて「読み」だけで順位づけされています。「阿部」も「安倍」も「阿倍」も同じになり、「やまざき」と「やまさき」が別になってしまいました。

電話帳をCD-ROMとして販売したソフトからサンプルをとったのが、村山忠重氏が発表したランキングです。3000万にも及ぶサンプルから解析していますが、漢字表記でカウントしているため、「ひがし」と「あずま」が合わさることになります。また、CD-ROM制作会社が電話帳から入力したデータですので、そこでミスが起きている可能性もあるのです。

第021位
YAMAZAKI / YAMASAKI

山崎《やまざき／やまさき》

山の稜線《りょうせん》の先端を意味する地形から出た名字。全国に広く分布します。近江《おうみ》国犬上《いぬかみ》郡山崎（滋賀県彦根《ひこね》市）発祥の山崎氏は宇多《うだ》源氏佐々木氏の出で、戦国時代にも活躍します。東日本では「やまざき」と濁り、中国以西では、「やまさき」が主。特に高知県に多く見られます。

DATA
【 発祥・分布 】
山の稜線の先端を意味します。全国に分布

第022位
MORI

森《もり》

織田信長らに仕えた森氏が有名です。相模《さがみ》国愛甲《あいこう》郡毛《もう》利《り》荘（神奈川県厚木市）発祥の清和《せいわ》源氏です。源義家《よしいえ》の子、義隆《よしたか》が森冠者《かじゃ》を称したことが発祥。森可成《よしなり》のときに織田信長に仕えますが可成、次男の長可《ながよし》、3男の蘭丸《らんまる》とともに各地で戦死しています。讃岐《さぬき》地方の森氏も源義隆の流れです。

DATA
【 発祥・分布 】
地形に由来する名字で全国的に分布

第023位
ABE

阿部《あべ》

「阿倍」「安倍」「安部」など「あべ」と読む名字は同源。大和《やまと》国十市《といち》郡安倍が発祥です。古代豪族に安倍氏があり、陰《おん》陽《みょう》師《じ》の安倍晴明《あべのせいめい》もこの流れ。斉明《さいめい》天皇の時代に蝦夷《えみし》を討った阿倍比羅夫《あべのひらふ》も有名です。「阿部」は「あべ」と読む名字中最多で、東日本に多く、宮城県石巻市付近に集中。

DATA
【 発祥・分布 】
大和国十市郡安倍（奈良県桜井市阿部）発祥

第024位
IKEDA

池田《いけだ》

各地に池田という地名があり、これから生まれた名字。美濃《みの》国池田郡池田荘（岐阜県揖斐《いび》郡池田町）の紀《き》姓の一族が有名。織田信長に仕えた池田恒興《つねおき》は、摂津《せっつ》池田氏の流れとされます。この次男輝政《てるまさ》は徳川家康に従い姫路城主になるなど西国で大きな力を持ちます。池田城主の一族も同族。

DATA
【 発祥・分布 】
各地の池田という地名から。やや九州に多い

第025位 HASHIMOTO

橋本《はしもと》

DATA

【 発祥・分布 】

「橋のたもと」の意。全国に分布します

公家の橋本家は藤原北家西《さい》園《おん》寺《じ》氏の支流で代々、笛で朝廷に仕えました。宇多源氏佐々木氏の一族からは、戦国時代、北条氏家臣の一族があり、後に徳川家康に仕え江戸時代に旗本となっています。幕末に安政《あんせい》の大獄で死んだ橋本左内《さない》は福井藩医の家系で元は清和源氏の流れとされます。

第026位 YAMASHITA

山下《やました》

DATA

【 発祥・分布 】

「山のたもと」を意味し、九州に多い

地形由来の名字で「山のたもと」を意味します。全国にありますが、現在は東北、関東に少なく、九州南部に多い名字です。安房《あわ》国平群《へぐり》郡山下（千葉県南房総市山下）や信《しな》濃《の》国筑摩《ちくま》郡山下（長野県木曽《きそ》郡木曽町）などルーツがあります。後者は清和源氏木曽氏の一族とされます。

第027位 ISHIKAWA

石川《いしかわ》

DATA

【 発祥・分布 】

地名由来の名字で比較的東日本に多い

各地の「石川」という地名から発祥しましたが、河内《かわち》と陸奥《むつ》のものが有名。河内国石川郡石川荘（大阪府羽曳野《はびきの》市）の「石川」は清和源氏、源義家の子義時《よしとき》が石川氏を称しました。徳川家康に仕えた石川数正《かずまさ》が出ています。陸奥国石川郡（福島県）の一族は源義家に従った石川有光《ありみつ》が祖。

第028位 NAKAJIMA

中島《なかじま／なかしま》

DATA

【 発祥・分布 】

各地にルーツがあり、関東と九州北部に多い

各地にあった「中島」という地名が発祥。尾張《おわり》国中島郡（愛知県）の中島氏は古代からここに勢力を持ち、鎌倉時代の歴史を書いた『吾妻鏡《あづまかがみ》』にも名があります。嵯峨《さが》源氏の出とされ戦国時代は中島氏《うじ》種《たね》が豊臣秀吉に仕えますが、大阪の陣で敗れています。仙台藩の中島氏は藤原姓です。

第029位 MAEDA

前田《まえだ》

地形由来のため、各地にある名字ですが、やはり加賀百万石の前田家が有名です。この家系は菅原氏の出で美濃《みの》国安八《あんぱち》郡前田（岐阜県安八郡神戸《ごうど》町）とされますが実際は不明。前田利家《としいえ》が織田信長に仕え、後に加賀藩主となります。五奉行の前田玄以《げんい》は藤原北家《ほっけ》の出で別の流れです。

DATA

【発祥・分布】

地形に由来する名字で各地に分布

第030位 FUJITA

藤田《ふじた》

陸奥国伊達《だて》郡藤田（福島県伊達郡国見町藤田）の藤田氏は清和《せいわ》源氏石川氏の流れ。武蔵国榛沢《はんざわ》郡藤田郷（埼玉県大里郡寄居町）発祥の藤田氏は武蔵七党のひとつ猪俣《いのまた》党の一族。一の谷合戦で討ち死にした藤田行康がいます。室町時代は花園城に拠り北条氏などに従いました。

DATA

【発祥・分布】

地名由来の名字。四国北と関西に多い

第031位 OGAWA

小川《おがわ》

地名由来で全国の地名がルーツ。常陸《ひたち》国茨城郡小川郷（茨城県小美玉《おみたま》市）では清和源氏の佐竹氏から佐竹義胤《よしたね》の子、宗義《むねよし》が小川氏を称しています。薩摩《さつま》国甑島《こしきじま》領主の小川氏は、武蔵国多摩郡小川郷（東京都あきるの市）の出。承久の乱後に小川季能《すえよし》が甑島を賜ったのが始まりです。

DATA

【発祥・分布】

地名由来の名字で全国に分布

第032位 GOTOU

後藤《ごとう》

藤原氏由来で備後守《びんごのかみ》になったことから後藤氏を名乗り、代々源氏に仕えることで全国に広がりました。播磨《はりま》後藤氏は南北朝時代に赤松円心《あかまつえんしん》に従い、この末裔に大坂の陣で活躍した後藤基次《もとつぐ》(又兵衛《またべえ》)がいます。土佐藩の後藤象二郎《しょうじろう》は江戸初期に山内一豊《かずとよ》に大坂で従った一族からとされます。

DATA

【発祥・分布】

藤原氏由来で秋田から福島などに多い

第033位
OKADA

岡田《おかだ》

DATA
【発祥・分布】
地名由来で中国、四国、関西で多い

各地の「岡田」という地名から。常陸国久慈《くじ》郡佐都《さと》荘岡田郷（茨城県常陸太田市岡田町）発祥の一族は佐竹氏の支流。木曽義仲《きそよしなか》の家臣の岡田氏は信濃《しなの》国筑摩《ちくま》郡岡田郷発祥。岡田親義《ちかよし》父子は倶利伽羅峠《くりからとうげ》の戦いで戦死しています。ほかにも讃岐《さぬき》国の古代氏族にも岡田氏があります。

第034位
HASEGAWA

長谷川《はせがわ》

DATA
【発祥・分布】
新潟県を中心に北陸から出羽に多い

奈良県桜井の泊瀬川を「はせがわ」といい、ここから転じたもの（→P46）。5世紀の雄略《ゆうりゃく》天皇が泊瀬《はせ》に本拠を置き、各地の所領に家臣を派遣しました。この人々が本拠地の地名から「長谷川」を称したのです。駿河《するが》の長谷川氏は藤原北家下河辺氏の出。長谷川平蔵《へいぞう》はこの一族です。

第035位
MURAKAMI

村上《むらかみ》

DATA
【発祥・分布】
愛媛県松山市から東予地方、熊本に多い

信濃国更級《さらしな》郡村上郷（長野県埴科《はにしな》郡坂城《さかき》町）発祥の清和源氏。源顕《みなもとのあきら》が村上郷に流され、子の為国《ためくに》のときに村上氏を称しました。源平合戦や南北朝期にも北信濃を領しますが、村上義清《よしきよ》が武田信玄《しんげん》に敗れ、越後に逃げます。瀬戸内の村上水軍も隠岐《おき》村上氏も同族とされます。

第036位
KONDOU

近藤《こんどう》

DATA
【発祥・分布】
藤原家由来の名字。東海と四国に多い

藤原秀郷《ひでさと》の流れで藤原脩行《ながゆき》が近江掾《おうみのじょう》になったのが祖。この一族の近藤国平《くにひら》は源頼朝に従っています。嫡流は三河《みかわ》国八名《やな》郡宇利《うり》荘（愛知県新庄市）の土豪となり、宇利城を本拠に。後に井伊家に従い、江戸時代は旗本に。織田信長に仕えた近藤光之《みつゆき》の一族は後に富山藩の家老となっています。

第037位
ISHII

石井《いしい》

DATA
【 発祥・分布 】
南関東に多く
「石の多い井（水汲み場）」の意

地形由来、地名由来ともにあります。東海道神奈川宿の本陣を務めた石井家は、戦国時代は北条氏の家臣。安芸《あき》国安南《あなみ》郡府中村石井（広島県安芸郡府中町石井）発祥の石井氏は石井城主で戦国時代は石井胤近《たねちか》が毛利に従っています。下総《しもうさ》国猿島《さるしま》郡石井（茨城県坂東市）にもルーツがあります。

第039位
SAKAMOTO

坂本《さかもと》

DATA
【 発祥・分布 】
「坂のふもと」の意味で
全国に分布

古代豪族の坂本氏は和泉《いずみ》国和泉郡坂本（大阪府和泉市）発祥で武内宿禰《たけしうちのすくね》の末裔とされます。この和泉坂本城の一族は末裔と考えられます。坂本龍馬の坂本家は、元は才谷屋《さいたにや》という商家。明智光秀《あけちみつひで》の子孫という伝承があり、このため、光秀の居城があった近江《おうみ》坂本に名字が由来するとされます。

第040位
ENDOU

遠藤《えんどう》

DATA
【 発祥・分布 】
藤原氏ゆかりの名字で
「遠江の藤原」の意

遠江《とおとうみ》国（静岡県）の藤原氏の意味。藤原南家の一族が遠江国に住んで遠藤氏を称したとされ、後に摂津《せっつ》国西成《にしなり》郡岡山（兵庫県）に住んだとされます。平安時代末期、摂津国の渡辺党に遠藤氏がいて、源頼朝に決起を促した僧の文覚《もんがく》はこの一族。先の摂津に移った遠藤氏と同族でしょうか。

COLUMN 勝者の名字は少なくなる？

名字ランキングを見ていて、上位に日本の有名武将の名字などが少ないことに気づきます。

この原因には、勝者が大名などになると、主君の名字を避けるため、家臣が名字を変えることが考えられます。例えば江戸時代には将軍家の名字である徳川や松平を勝手に名乗れなかったということです。

もし、天下人が織田や豊臣、徳川でなく、佐藤や鈴木、高橋だったら、名字の上位ランキングも変わっていたかもしれません。

※38位は「斉藤」のため、P86を参照ください。

青木《あおき》

第041位

AOKI

DATA

【発祥・分布】

地名由来で
特に栃木県に多い

武蔵国入間《いるま》郡青木村（埼玉県飯能市青木）ルーツの丹党《たんとう》という武士団の青木氏が有名。豊臣秀吉に仕えた青木重直《しげなお》の一族は麻田《あさだ》藩主となります。これも丹党青木氏としますが、美濃《みの》国安八《あんぱち》郡青木村（岐阜県大垣市）発祥と考えられます。栃木市の旧都賀《つが》町に非常に多く見られます。

藤井《ふじい》

第042位

FUJII

DATA

【発祥・分布】

地名由来で
特に山陽地方に多い名字

公家の藤井家は卜部《うらべ》氏から出ており、卜部兼忠《かねただ》の子、兼《かね》国《くに》が藤井を称したのが祖。常《ひ》陸《たち》国那珂《なか》郡藤井発祥の一族は、清和源氏佐竹氏から分かれました。下野《しもつけ》国都賀郡藤井（栃木県都賀郡壬生《みぶ》町）の一族は藤井城を築いています。岡山市の吉備津《きびつ》神社の神官にも藤井氏は多くあります。

西村《にしむら》

第043位

NISHIMURA

DATA

【発祥・分布】

方位に由来する名字で
西日本に多い

京都の三条釜座《かまんざ》には室町時代から江戸時代にかけて活躍した釜師《かまし》の西村家がありました。また、三条通室町《むろまち》には染呉服卸商の西村家があり、近江国甲賀《こうが》郡西村が発祥。伏見《ふしみ》には瓦師《かわらし》の西村家もあり、初代は播磨《はりま》国英賀《あが》荘西村の武士。豊臣秀吉に破れ、瓦師になりました。

福田《ふくだ》

第044位

FUKUDA

DATA

【発祥・分布】

「よい田」のことで、
全国に分布

「よい田になるように」という願いをこめた名字。全国的にあり、栃木県日光市に集中。陸奥《むつ》国三戸郡福田村（青森県三戸《さんのへ》郡南部町福田）発祥のものは葛巻《くずまき》氏の一族で福田館を居館としました。湊川《みなとがわ》合戦で功を挙げた福田盛次《もりつぐ》・信次《のぶつぐ》兄弟は備後《びんご》国芦品《あしな》郡福田（広島県福山市）発祥です。

第045位 OOTA

太田《おおた》

江戸城を築いた太田道灌《どうかん》の武蔵太田氏は清和《せいわ》源氏の流れ。源頼朝に仕えた広綱《ひろつな》の一族が丹波《たんば》国桑田郡大田郷に住んだのがはじまりです。仕えた上杉家が関東に移ると一緒に下向しました。道灌は関東管領上杉家の重臣でしたが、暗殺され太田家は岩槻《いわつき》太田と江戸太田に分かれました。

DATA

【発祥・分布】

地名由来の名字で
比較的東海地方に多い

第046位 MIURA

三浦《みうら》

相模《さがみ》国三浦郡三浦（神奈川県三浦市）発祥の地名由来の名字で、桓武平氏の流れですが早くから清和源氏に従い、後三年の役《えき》でも活躍しています。三浦義明《よしあき》は源頼朝の挙兵に従いますが戦死。鎌倉時代は御家人として代々、相模国守護を務めますが、戦国時代に北条早雲《そううん》に滅ぼされます。

DATA

【発祥・分布】

地名由来の名字で
秋田を中心に東北に多い

第047位 OKAMOTO

岡本《おかもと》

各地の地名から出ており8世紀には古代豪族として存在します。河内国交野《かたの》郡岡本郷（大阪市交野市）では忌寸《いみき》姓から、大和《やまと》国高市《たかいち》郡丘基《おかもと》（奈良県高市郡明日香村）では真《ま》人《ひと》姓から岡本氏が発祥しています。上野《こうずけ》国甘楽《かんら》郡岡本郷（群馬県富岡市）の岡本氏は鎌倉時代の御家人です。

DATA

【発祥・分布】

地名由来で各地にあり、
西日本に多い

第048位 MATSUDA

松田《まつだ》

地名に由来し、相模国足柄《あしがら》上《かみ》郡松田郷（神奈川県足柄上郡）発祥の相模松田氏が有名。藤原秀郷《ひでさと》の流れで波多野義通《はたのよしみち》が松田を称したのがはじまりです。戦国時代、松田城に拠り北条氏に仕えたのもこの一族。備前《びぜん》に移った一族は戦国時代に宇喜多《うきた》氏と争い、後に毛利氏に属しています。

DATA

【発祥・分布】

地名由来で全国に分布。
山形県にも多い

第049位 NAKAGAWA

中川《なかがわ》

DATA

【発祥・分布】

地形由来ですが、関西と北陸に多い

地形から出た名字。戦国時代の中川清秀《きよひで》が有名です。この一族は清和源氏の流れで摂津茨木《いばらき》城主。元は池田勝政《かつまさ》、後に織田信長に仕え、荒木村《むら》重《しげ》の武将でした。子の秀政《ひでまさ》が豊後《ぶんご》岡《おか》藩の大名になりますが、文禄《ぶんろく》の役《えき》で死去。一族は岡藩主として残ります。仙台藩士の中川家も同族です。

第050位 NAKANO

中野《なかの》

DATA

【発祥・分布】

地名由来で各地にあり、比較的西日本に多い

全国にある地名から各地で生まれています。武蔵国の中野氏は多摩郡中野（東京都あきるの市）発祥で、武士団の西党《にしとう》の一族です。信濃国高井郡中野郷（長野県中野市）のものは藤原秀郷の流れで、鎌倉時代には地頭となっています。百済《くだら》系渡来人末裔《まつえい》の古代豪族にも中野氏が見られます。

第051位 HARADA

原田《はらだ》

DATA

【発祥・分布】

地名由来の名字で山陽から九州に多い

筑前国恰土《いと》郡原田（福岡県糸島市）発祥の一族は有名。平安時代の海賊、藤原純友《すみとも》を追捕した大蔵春実《おおくらのはるざね》の末裔とされます。戦国時代にも活躍しましたが豊臣秀吉の九州攻めで所領を没収されます。ほかにも遠江《とおとうみ》、日向《ひゅうが》、摂津、伯《ほう》耆《き》など、各地に原田氏の源流があります。

第052位 ONO

小野《おの》

DATA

【発祥・分布】

姓にも名字にもあり、東北と瀬戸内に多い

姓《せい》の小野で有名なのが遣隋《けんずい》使《し》の小野妹子《おののいもこ》で近江国滋賀郡小野村（滋賀県大津市小野）発祥の一族。この一部が武蔵に移り、横山党、猪俣党の武士団となります。名字の小野は各地の地名がルーツ。長門《ながと》国豊浦《とようら》郡小野発祥の一族は江戸時代に長州藩士となっています。

第053位 TAMURA

田村《たむら》

DATA

【発祥・分布】
地名由来で東北、関東、四国に多い

陸奥《むつ》国田村郡（福島県）発祥の田村氏が有名で、坂上《さかのうえの》田村麻呂《たむらまろ》の子孫と伝わります。戦国時代は伊達《だて》氏に従いますが、豊臣秀吉の小田原征伐に遅参し所領没収され、後に復活しました。古代豪族の田村氏は山城《やましろ》国葛野《かどの》郡田村（京都府右京区）発祥で、高句麗《こうくり》系渡来人の末裔《まつえい》です。

第054位 TAKEUCHI

竹内《たけうち》

DATA

【発祥・分布】
北陸から山陰と四国、愛知県に多い

地名由来の名字。越中《えっちゅう》国新川郡南保《なんぼ》竹ノ内（富山県中新川郡舟橋村）発祥の一族は、但馬《たじま》国で赤松氏に仕えた岡豊《おかぶん》後《ご》が祖。この次男が越中に移り、竹内氏を称して帰農したものです。山城国の竹内氏は代々、久我《くが》荘の預所《あずかりどころ》を務めた一族。京都の公家から出た美作《みまさか》国の竹内氏もあります。

第055位 FUJIWARA

藤原《ふじわら》

DATA

【発祥・分布】
藤原氏につながるもの。東北、中国に多い

中臣鎌足《なかとみのかまたり》が天智《てんじ》天皇からもらった藤原姓が元。鎌足の子、不比等《ふひと》から支族が分かれ、特に次男房前《ふささき》の北家からは公家の五摂家《ごせっけ》が出ます。北家からは藤原秀郷《ひでさと》も出て多くの武家の祖にもなっています。山梨県や関西では「ふじはら」と読むことが多く、「藤の原」「淵原」から転じたものも。

第056位 KANEKO

金子《かねこ》

DATA

【発祥・分布】
地名由来の名字で関東から新潟、山形に多い

多くは武蔵国入間《いるま》郡金子郷（埼玉県入間市）発祥の一族から出ています。村山党の一族で金子家忠《いえただ》は保元《ほうげん》の乱や平治《へいじ》の乱で活躍し、源義経《よしつね》にも従いました。後に金子氏は関東管領上杉氏に属し、戦国時代は北条氏に従っています。伊予《いよ》国新居《あらい》郡金子（愛媛県新居浜市）発祥の一族も。

第057位
WADA

和田《わだ》

DATA
【発祥・分布】
地名由来の名字で
関西から四国に多い

相模《さがみ》国三浦郡和田（神奈川県三浦市）発祥の和田氏が有名で、桓武《かんむ》平氏三浦氏の一族です。鎌倉幕府の御家人でしたが、北条氏と争い滅亡。この一族から越後和田氏も出ています。和泉《いずみ》国の和田氏は大島郡上神郷《かみつみわのさと》和田村（大阪府堺市）発祥でしょうが、楠木《くすのき》正成《まさしげ》の一族とも伝えられます。

第058位
NAKAYAMA

中山《なかやま》

DATA
【発祥・分布】
地名由来の名字で
東北を除く全国に分布

各地の地名から出た名字。武蔵国入間郡中山（埼玉県飯能市中山）発祥の一族は丹党《たんとう》の末裔で元は加治《かじ》氏。中山家《いえ》勝《かつ》が上杉、子の家範《いえのり》は北条、その子照守《てるもり》が徳川家康に仕えます。この家系は後に水戸藩家老家となります。幕末の尊《そん》攘《じょう》派の公家、中山忠能《ただかず》は藤原北家花山院《かさんいん》の流れです。

第059位
ISHIDA

石田《いしだ》

DATA
【発祥・分布】
各地の地名から発祥。
京都から北陸に多い

「石のように固い土地」の意で、これが地名になったもの。石田三成《みつなり》は近江国坂田郡石田村（滋賀県長浜市）の出身とされます。相模国大住《おおすみ》郡石田郷発祥の一族は三浦氏の支流で、石田為久《ためひさ》は木曽義仲《きそよしなか》を討ち取っています。壱岐《いき》の石田氏も桓武平氏三浦氏で石田郡石田（長崎県壱岐市）発祥。

第060位
UEDA

上田《うえだ》

DATA
【発祥・分布】
各地の地名由来で
近畿地方に多い

歴史的には信濃《しなの》、紀伊《きい》、武蔵の上田氏が有名。信濃国小県《ちいさがた》郡上田荘（長野県上田市）発祥の一族は清和源氏小笠原氏の一族。紀伊の上田氏は伊都《いと》郡隅田荘上田郷（和歌山県橋本市上田）が発祥で上田《うえだ》榊《さかき》城を本拠としました。武蔵の上田氏は武蔵七党の西《にし》党《とう》の一族です。

第061位 MORITA

森田《もりた》

DATA

【発祥・分布】

関東より西に広く分布する名字

下野《しもつけ》国那須《なす》郡下荘森田（栃木県那須烏山市）からは、那須与一《なすのよいち》の兄光隆《みつたか》が森田氏を称しましたが早くに滅び、戦国時代に那須氏が再興します。伊賀《いが》国猪田《いだ》郷（三重県伊賀市）の森田氏は織田信長にそむいて、敗死しています。土佐《とさ》国（高知県）の森田氏は藤原秀郷《ひでさと》の流れです。

第062位 HARA

原《はら》

DATA

【発祥・分布】

地形由来の名字で各地にあり島根県で多い

「水田化されていない平地」を意味する地形由来の名字。美濃《みの》国恵那《えな》郡原（岐阜県恵那市山岡町）の原氏は清和《せいわ》源氏土岐《とき》氏で蜂屋《はちや》氏から分かれました。織田信長に仕えた美濃太田城主の原氏もこれと思われます。安房《あわ》国の原氏は千葉氏から分かれたものです。源義経《よしつね》配下にも名が見えます。

第063位 SHIBATA

柴田《しばた》

DATA

【発祥・分布】

地名由来の名字で秋田県や愛知県に多い

戦国武将の柴田勝家《かついえ》は清和源氏の流れとされますが詳細が残っていません。賤ケ岳《しずがたけ》の戦いで敗れて滅亡しますが、勝重《かつしげ》の子孫が後に幕府旗本となっています。仙台藩重臣の柴田氏は陸奥《むつ》国柴田郡柴田（宮城県柴田郡柴田町）発祥で結城《ゆうき》氏の一族。土佐藩家老にも柴田家があります。

第064位 SAKAI

酒井《さかい》

DATA

【発祥・分布】

地名に由来し東海から北陸地方に多い

全国にありますが、徳川四天王の酒井忠次《ただつぐ》が有名です。三河《みかわ》国碧海《へきかい》郡坂井（愛知県刈谷市）とも幡豆《はず》郡酒井村（西尾市）発祥ともされます。松平親氏《ちかうじ》は松平氏の祖ですが、ここから分かれ、代々松平氏の重臣筆頭でした。忠次の流れより先に分かれた雅楽頭《うたのかみ》酒井家も徳川に仕えました。

第065位

KUDOU

工藤《くどう》

藤原氏由来で、9世紀に南家の藤原為憲《ためのり》が木工助《もくのすけ》となったことから。伊豆に移り伊東氏となりますが、曽我《そが》兄弟の仇討ちで討たれた曽我祐経《すけつね》が工藤に戻し、子孫が駿河から東国に土着し武士化しました。奥州には別に厨川《くりやがわ》工藤氏があり、源頼朝に従った工藤景光《かげみつ》の流れから出ています。

DATA

【発祥・分布】

藤原氏由来の名字。
東北と九州東部に多い

第066位

YOKOYAMA

横山《よこやま》

平安時代に武蔵国多摩郡横山荘（東京都八王子市横山町）を本拠にした武士団、横山党が有名。小野姓の一族が武蔵守となって土着し、横山を称したとされます。陸奥国発祥は桓武《かんむ》平氏千葉氏の流れで伊《だ》達《て》家に仕えました。土佐の横山氏は横山党の末裔《まつえい》とし、長宗我部《ちょうそかべ》氏に仕えました。

DATA

【発祥・分布】

地名由来の名字で
全国的に分布

第067位

MIYAZAKI

宮崎《みやざき》

紀伊《きい》国の宮崎氏は有田郡宮崎荘（和歌山県有田市宮崎町）発祥で熊野三山を統括する熊野別当《べっとう》家。陸奥の宮崎氏は加美《かみ》郡宮崎（宮城県加美郡加美町）発祥で清和源氏、木曽義仲《きそよしなか》の子孫といいます。義仲には越中の宮崎太郎も従軍。日向《ひゅうが》国宮崎の宮崎氏からは越中《えっちゅう》に移った一族もいます。

DATA

【発祥・分布】

地名由来の名字で
九州西部に多い

第068位

MIYAMOTO

宮本《みやもと》

宮本武蔵が有名ですが、彼は播磨《はりま》か美作《みまさか》の出とされます。武蔵は兄の子伊織《いおり》を養子にし、小倉《こくら》藩に士官させました。伊織は家老となり、代々家老家に。加賀国江沼《えぬま》郡真砂《まなご》村（石川県加賀市）の宮本家は戦国時代に越前から来住した一族。現在の宮本氏は和歌山、徳島、熊本などに多いようです。

DATA

【発祥・分布】

「神社の下」の意味で
西日本に広く分布

第069位 UCHIDA

内田《うちだ》

「勢力範囲内の田」を意味する地形由来の名字。古代豪族に伊勢国安濃《あのう》郡内田郷（三重県津市安濃町）発祥と考えられる内田氏があります。下総《しもうさ》小見川《おみがわ》藩（千葉県香取市）藩主の内田氏は、遠江《とおとうみ》国城飼《きこう》郡内田郷（静岡県菊川氏）発祥で藤原南家。今川氏、徳川氏に仕えました。

DATA

【発祥・分布】

地形由来の名字で全国に分布

第070位 TAKAGI

高木《たかぎ》

河内《かわち》国丹比《たじひ》郡高木荘（大阪府松原市）発祥の一族は南朝に属した高木遠盛《とおもり》が有名。三河国碧海《へきかい》郡高木（愛知県安城《あんじょう》市高木）発祥の高木氏は斎藤道三《どうさん》に仕え、江戸時代には河内丹南《たんなん》藩の藩主に。肥前《ひぜん》国佐嘉《さが》郡高木（佐賀県佐賀市）の一族からは戦国大名の龍造寺《りゅうぞうじ》氏が出ました。

DATA

【発祥・分布】

地名由来の名字で東海から北陸に多い

第071位 ANDOU

安藤《あんどう》

藤原氏ゆかりの名字で、安芸《あき》守護となったためとも、安倍氏の一族と藤原との関連ともされます。三河の土豪から出た三河安藤氏は徳川家に仕え、安藤直次《なおつぐ》は紀伊《きい》藩付家老となっています。この弟の重信《しげのぶ》は子孫が磐城平《いわきたいら》五万石の藩主。美濃《みの》の安藤氏は織田信長に仕えました。

DATA

【発祥・分布】

藤原氏ゆかりで東海地方に多い

第072位 TANIGUCHI

谷口《たにぐち》

谷の入り口にあたる集落から発生した地形由来の名字。近江《おうみ》国蒲生《がもう》郡西川村（滋賀県蒲生郡竜王町）の谷口家は代々庄屋を務め、郷士《ごうし》の扱いで名字も許されていました。筑前国陣原《じんのはら》村（福岡県北九州市八幡西区）の谷口家は、戦国時代の黒崎城主井上氏の家臣で江戸時代に帰農しました。

DATA

【発祥・分布】

地形に由来する名字で西日本に多い

第073位
OONO

大野《おおの》

古代豪族の大野氏は山城《やましろ》国愛宕《あたご》郡大野郷（京都市北区）発祥で、壬申《じんしん》の乱で活躍した大野果安《はたやす》が知られています。陸奥《むつ》の大野氏は糠部《ぬかのぶ》郡大野（岩手県九戸郡洋野町）発祥。美濃国大野郡大野（岐阜県）発祥の大野氏は林氏（後の稲葉氏）に仕え、稲葉氏の山城淀藩士となっています。

DATA

【 発祥・分布 】

地名に由来し、
関東、東海、四国に多い

第074位
MARUYAMA

丸山《まるやま》

信濃国の丸山氏は仁科《にしな》氏の支流で平瀬氏に従いました。丸山政知《まさとも》は武田信玄《しんげん》に敗れ、和泉に逃れて織田信長の庇護《ひご》を受け、大和国吉野に移りました。長野市松代《まつしろ》の丸山氏は清和源氏の末としますが詳細不明。江戸時代は松代藩士でした。三河の丸山氏は額田《ぬかた》郡丸山（愛知県岡崎市）発祥。

DATA

【 発祥・分布 】

長野県から新潟県と
和歌山県、熊本県に多い

第075位
IMAI

今井《いまい》

新しくできた井（水汲み場）の意味。有名なのは木曽義仲《きそよしなか》の四天王の今井兼平《かねひら》。信濃《しなの》国今井（場所は諸説あり）を領し、子孫は美濃の今井城（岐阜県下呂《げろ》市）を本拠としました。長野県に多い今井氏はこの末裔といいます。甲斐の今井氏は山梨郡今井（山梨県甲府市）発祥の武田氏の支族。

DATA

【 発祥・分布 】

地形由来の名字で
岐阜県を中心に多い

第076位
TAKADA / TAKATA

高田《たかだ／たかた》

古代豪族の時点で存在し、山城国葛野《かどの》郡高田（京都市右京区高田町）発祥の高句麗《こうくり》系渡来人の末裔が有名です。上野の高田氏は甘楽《かんら》郡菅野荘高田郷（群馬県富岡市妙義町）発祥。上杉、武田、北条、徳川と所属を変えました。大和の高田氏は聖徳太子の異母弟、当麻《たいま》皇子の子孫とされます。

DATA

【 発祥・分布 】

地形由来の名字で
関西から北陸に多い

第077位

FUJIMOTO

藤本《ふじもと》

西日本に比較的多く、徳島県の美馬《みま》郡から三好《みよし》郡にかけて吉野川流域に多く分布する名字。藤原氏ゆかりの名字から転じたものや地名由来のものなどがあります。加賀藩の観世《かんぜ》流能楽に藤本家があり、名字帯刀《みょうじたいとう》を許されていた名家です。幕府旗本の藤本氏も能楽師の出です。

DATA

【発祥・分布】

山口県、徳島県、広島県、熊本県に多い

第078位

TAKEDA

武田《たけだ》

地名由来ですが甲斐《かい》武田氏由来とすることが多い名字。甲斐武田氏は源義清《よしきよ》が常陸《ひたち》国吉田郡武田郷（茨城県ひたちなか市）で武田を称したことが祖。後に甲斐に移り甲斐武田氏に。鎌倉時代に武田信光《のぶみつ》が甲斐守護と安芸《あき》守護を兼ねたことから、両国で武田氏が繁栄しました。

DATA

【発祥・分布】

東北から関東、山陽、四国に多い

第079位

MURATA

村田《むらた》

下総《しもうさ》国香取《かとり》郡村田（千葉県成田市村田）発祥の村田氏は、桓武《かんむ》平氏千葉氏の支流。国分《こくぶ》胤通《たねみち》の子有通《ありみち》が村田を称しました。上野《こうずけ》の村田氏は新田荘村田郷（群馬県太田市新田）発祥で清和《せいわ》源氏岩松氏から。朝廷の地下官人にも村田氏が複数あり、姓は藤原、高橋、源などがあります。

DATA

【発祥・分布】

地名由来の名字で全国に分布

第080位

UENO

上野《うえの》

三河《みかわ》の上野氏が有名で碧海《へきかい》郡上野（愛知県豊田市上野）が発祥。清和源氏足利《あしかが》氏の一族で、室町幕府の奉行衆となりました。安房《あわ》の上野氏も足利氏家臣で同族と考えられます。信濃《しなの》国水内《みのち》郡上野郷（長野市戸隠《とがくし》）発祥の上野氏からは伊達政宗《だてまさむね》に仕えた上野景明《かげあき》が出ています。

DATA

【発祥・分布】

地名由来の名字で全国に広く分布

第081位 SUGIYAMA

杉山《すぎやま》

DATA

【発祥・分布】

静岡県を中心に
神奈川から岐阜に多い

伊豆国杉山（静岡県伊豆市）発祥の杉山氏は藤原氏とされ、江戸時代に旗本に。三河国渥《あつ》美《み》郡杉山村（愛知県豊橋市・田原市）発祥の杉山氏は、戦国時代松平《まつだいら》家の家臣。美作《みまさか》鶴田《つるた》城主の杉山氏は、毛利に属し宇喜多直家《うきたなおいえ》に敗れています。津軽《つがる》藩家老の杉山氏は石《いし》田三成《だみつなり》の子孫とされます。

第082位 MASUDA

増田《ますだ》

DATA

【発祥・分布】

静岡県を中心に
四国から関東に多い

武蔵国増田（埼玉県深谷市）発祥の増田氏は、室町時代に増田四郎重富《しげとみ》が扇谷上杉《おうぎがやつうえすぎ》氏に敗れてここを去っています。信濃発祥の増田氏は駿河《するが》に多く移り、今川氏の家臣に多数見られます。山城《やましろ》国紀伊郡下《しも》鳥羽《とば》（京都市伏見区）の旧家増田家は庄屋から酒造業に転じ銘酒「月の桂」を醸造。

第083位 SUGAWARA

菅原《すがわら》

DATA

【発祥・分布】

古代豪族の姓で東北、
北海道に多い

大和《やまと》国添下《そえじも》郡菅原（奈良市菅原町）発祥の古代姓。土師《はじの》古人《ふるひと》が菅原宿禰《すがわらのすくね》を賜ったことがはじまり。代々学者を輩出し、菅原道真《みちざね》は右大臣になりますが、藤原氏との政争に敗れ大宰府《だざいふ》に左遷。子孫には北畠顕家《きたばたけあきいえ》に従って移った陸《む》奥《つ》菅原氏もあり、この一族は津谷川《つやがわ》城を本拠としました。

第084位 HIRANO

平野《ひらの》

DATA

【発祥・分布】

地形に由来し
南関東から東北に多い

水田化された平坦な地を意味します。大和田原本《おおわだはらもと》藩主の平野氏は尾張《おわり》の土豪の出で、代々尾張国海東《かいとう》郡津島（愛知県津島市）の奴野城《ぬのやじょう》が本拠。平野長治《ながはる》のときに豊臣秀吉に仕え、江戸時代に大和田原本を領しました。摂津《せっつ》国平野郷（大阪府）発祥の一族は織田信長に仕えています。

第085位
OOTSUKA

大塚《おおつか》

DATA
【 発祥・分布 】
地形に由来し
関東と九州に多い

大きく地面が盛り上がっていることを意味します。古墳であることも多く、地名にも。現在も古墳の多い地域に分布しています。常陸《ひたち》国多珂《たか》郡大塚（茨城県北茨城市磯原町大塚）発祥の一族が有名で藤原氏とされます。戦国時代に岩《いわ》城《き》氏に従い、後に陸奥《むつ》折木《おりき》城に移りました。

第086位
KOJIMA

小島《こじま》

DATA
【 発祥・分布 】
東海から関東にかけて
多い名字

尾張《おわり》発祥の清和《せいわ》源氏小島氏が知られていますが、詳細不明。しかし、この地方には現在でも小島氏が多く残っています。武蔵七党という武士団の丹党《たんとう》にある小島氏は武蔵国児玉《こだま》郡（埼玉県本庄市）発祥です。越中国小島（富山県射《やり》水《みず》市）発祥の神保《じんぼ》氏家臣は後に上杉謙信に属しています。

第087位
CHIBA

千葉《ちば》

DATA
【 発祥・分布 】
下総国千葉郡千葉郷発祥で
東北に多い

下総《しもうさ》発祥で桓武《かんむ》平氏。千葉常胤《つねたね》が源頼朝に仕え、鎌倉幕府では代々下総守護に。南北朝時代は両朝に分裂し、戦国時代には北条氏に属しました。常胤の7男頼胤《よりたね》は奥州に移り、この一族が磐井《いわい》郡から奥州に広がりました。肥前《ひぜん》の千葉氏も同族が元寇《げんこう》時に移り、土着したもの。

第088位
KUBO

久保《くぼ》

DATA
【 発祥・分布 】
地形に由来し西日本に多い

窪地を意味する「窪」から転じた地形由来の名字です。織田信雄《のぶかつ》に仕えた久保勝正《かつまさ》は、関ヶ原の戦い後に徳川秀《ひで》忠《ただ》に召され旗本になっています。土佐《とさ》の久保氏は香美《かみ》郡久保（高知県香美市物部《ものべ》町久保）発祥で14世紀に久保城を築城し本拠としました。戦国時代は長宗我部《ちょうそかべ》氏に仕えました。

第089位

MATSUI

松井《まつい》

DATA

【発祥・分布】

関西から東海、北陸に多い

代々松平《まつだいら》家に仕えた松井氏は清和源氏の出で、後に「松平」を賜り松平氏として常陸笠間《かさま》藩主に。後に武蔵川越《むさしかわごえ》藩主となり、明治に元の松井氏に戻します。駿河《するが》の松井氏は山城《やましろ》国発祥で足利尊氏《あしかがたかうじ》に従い、後に駿河に移り子孫は今川氏に仕えています。古代豪族の松井氏は百済《くだら》系渡来人《とらいじん》の流れ。

第090位

IWASAKI

岩崎《いわさき》

DATA

【発祥・分布】

地名由来の名字で
熊本県に多い

甲斐《かい》国山梨郡岩崎（山梨県甲州市勝沼町）発祥の岩崎氏が有名で清和源氏武田氏の一族です。武田信隆《のぶたか》が岩崎を称したのがはじめ。武田一族の中でも有力で宗家《そうけ》に匹敵する家格でした。三菱の創業者の岩崎弥太郎《やたろう》は土佐の地下《じげ》浪人の出ですが、甲斐岩崎氏の子孫を称しています。

第091位

SAKURAI

桜井《さくらい》

DATA

【発祥・分布】

地名由来の名字で
関東を中心に分布

古代豪族には河内《かわち》国河内郡桜井（大阪府東大阪市）と大和《やまと》国十市《といち》郡桜井（奈良県桜井市）発祥があります。三河国碧海《へきかい》郡桜井(愛知県安城《あんじょう》市桜井町）の桜井氏は松平氏の一族。代々松平氏に仕え、後に摂津《せっつ》尼崎《あまがさき》藩主に。木曽義仲《きそよしなか》に従った桜井氏は信濃国佐久《さく》郡桜井(長野県佐久市)発祥。

第092位

NOGUCHI

野口《のぐち》

DATA

【発祥・分布】

地形や地名に由来し、
関東と九州北部に多い

水田化された平地の「野」の入り口の意。水田地帯にある名字のため、中世に水田の少なかった東北北部にはあまり見られません。下野都賀《しもつけつが》郡野口（栃木県日光市）や信濃国伊那《いな》郡野口（長野県伊那市野口）、三河国加茂《かも》郡野口（愛知県豊田市）など、各地の地名から生まれています。

松尾《まつお》

第093位
MATSUO

DATA
【発祥・分布】
地名由来で
九州西部に特に多い

甲斐《かい》国巨摩《こま》郡松尾（山梨県甲斐市・甲州市塩山）発祥の松尾氏は清和《せいわ》源氏武田《たけだ》氏から分かれた一族。信濃《しなの》国伊那《いな》郡松尾郷（長野県飯田市）の松尾氏は清和源氏小笠原氏の一族。俳人松尾芭蕉《まつおばしょう》の松尾家は伊賀《いが》国阿拝《あはい》郡柘植《つげ》（三重県伊賀市）の出で桓武《かんむ》平氏とされますが詳細は不明です。

野村《のむら》

第094位
NOMURA

DATA
【発祥・分布】
地名由来で北陸と山口県、
高知県、福岡県に多い

近江《おうみ》国栗太《くりた》郡野村（滋賀県草津市野村町）発祥の宇多《うだ》源氏佐々木氏から出た野村氏が有名です。佐々木盛季《もりすえ》が野村氏を称しました。薩摩《さつま》の野村氏はこの一族。加賀藩和泉《いずみ》流狂言師の野村家は代々加賀藩の町役者で、後に名字を許されます。明治維新後に江戸に出て、万蔵《まんぞう》と名乗りました。

木下《きのした》

第095位
KINOSHITA

DATA
【発祥・分布】
西日本の名字で
関西から北陸、九州に多い

豊臣秀吉の妻、おねの実家が木下氏で桓武平氏を称し播《はり》磨《ま》国発祥。後に尾張国春日井《かすがい》郡朝日村（愛知県清須市）に移りました。杉原を名乗っていましたが、先祖の木下氏に戻しています。信濃国伊那郡木之下郷（長野県上伊那郡箕《みの》輪《わ》町）発祥の一族もあり、現在でも木下が多い地域です。

菊地《きくち》

第096位
KIKUCHI

DATA
【発祥・分布】
肥後菊池発祥。東日本に多い

元々は「菊池」の一族で漢字が変化した名字。肥後《ひご》国菊池郡（熊本県菊池市）発祥の菊池氏が祖。藤原北家とされ、南北朝時代に南朝に属し、九州をほぼ勢力下に。しかし、今川了俊《りょうしゅん》によって後退させられます。越中や陸奥《むつ》の菊池氏も同族で、東日本は「菊地」の方が多いようです。

第097位
SANO

佐野《さの》

下野国《しもつけ》安蘇郡《あそ》佐野（栃木県佐野市）発祥の佐野氏が有名。藤原秀郷の流れで足利氏の基綱《もとつな》が佐野氏を称したのが祖。基綱は源頼朝に仕えて御家人となり、代々佐野を領しました。多くの佐野氏はこの末裔《まつえい》です。甲斐や伊豆、近江《おうみ》ほかに佐野地名発祥の一族があります。

DATA
【発祥・分布】
山梨県、静岡県を中心に東海などに多い

第098位
OONISHI

大西《おおにし》

阿波国《あわ》三好郡《みよし》大西（徳島県三好市池田町）発祥で、元は小笠原氏とも近藤氏とも。鎌倉時代に西園寺《さいおんじ》家から派遣された荘官の末裔とされます。三好を中心に勢力を伸ばしますが、長宗我部元親《ちょうそかべもとちか》に敗れて讃岐《さぬき》に逃れ滅亡します。土佐には香美郡《かみ》大西村（高知県香美市大西）発祥の一族も。

DATA
【発祥・分布】
地名に由来し、
四国を中心に西日本に多い

第099位
SUGIMOTO

杉本《すぎもと》

桓武平氏三浦氏から出た一族が有名で、三浦義明《よしあき》の子義《よし》宗《むね》が相模国《さがみ》鎌倉郡杉本（神奈川県鎌倉市）で称したのがはじめです。遠江《とおとうみ》の杉本氏はこの末裔。駿河《するが》の杉本氏も同じと考えられます。河内《かわち》の杉本氏は橘《たちばな》姓で楠木正成《くすのきまさしげ》の一族。『太平記《たいへいき》』に杉本左兵衛《さへえ》が見られます。

DATA
【発祥・分布】
静岡県を中心に東海、
北陸などに多い

第100位
ARAI

新井《あらい》

「井」は井戸だけでなく水汲み場を指し、新しい水汲み場からきた地形由来の名字。流れが大きく変化した利根川では、多くの「新井」が出ています。上野国《こうずけ》新田郡《にった》新井村（群馬県太田市）発祥の新井氏は清和源氏新田氏の覚義が称したのがはじめ。新井白石《はくせき》はこの末裔と称しています。

DATA
【発祥・分布】
「新しい水汲み場」の意。
関東と長野に多い

第101位 HAMADA

浜田／濱田《はまだ》

地名に由来し、高知県、鹿児島県など海岸線の長い地域に多い名字。

第102位 ICHIKAWA

市川《いちかわ》

地名に由来し、甲斐国八代郡市川（山梨県西八代郡市川三郷町）発祥が多い名字。

第103位 FURUKAWA

古川《ふるかわ》

全国に広く分布し、福島県、新潟県上越地区、九州西部によく見られます。

第104位 MIZUNO

水野《みずの》

東海に多く、尾張国春日井郡山田荘水野（愛知県瀬戸市）発祥の名字が尾張に集中。

第105位 KOMATSU

小松《こまつ》

小松殿と呼ばれた平重盛の子孫とする一族が土佐国安芸郡（高知県）に存在。

第106位 SHIMADA

島田《しまだ》

地名由来で関東から北陸にかけて多く、埼玉県と富山県、福井県に多い名字。

第107位 KOYAMA

小山《こやま》

長野県から関東地方にかけてと、関西から岡山にかけて多い地名由来の名字。

第108位 TAKANO

高野／髙野《たかの》

地名由来の名字で関東から北陸にかけて多く、特に新潟県に多くなっています。

第109位 YAMAUCHI

山内《やまうち》

地形由来で比較的東北に多く、相模国鎌倉郡山内荘（鎌倉市山ノ内）発祥も有名。

第110位 NISHIDA

西田《にしだ》

方位に由来する名字で特に富山県から関西にかけて多く見られます。

第111位 KIKUCHI

菊池《きくち》

本来は「菊池」が先で、後に「菊地」に転じています。東日本は「菊地」が主です。

第112位 NISHIKAWA

西川《にしかわ》

方位由来の名字で関西に多く見られます。奈良県北部、大阪府堺市付近に集中。

第113位 IGARASHI

五十嵐《いがらし》

越後国沼垂郡五十嵐（新潟県三条市下田）発祥で五十嵐彦命に由来。(→P48)

第114位 KITAMURA

北村《きたむら》

「北の村」を意味する方位由来の名字。滋賀県や石川県南部、三重県南部などに集中。

第115位 YASUDA

安田《やすだ》

地名由来ですが、岐阜から関西にかけてと、秋田に多く、岐阜県大垣市付近に集中。

第116位 NAKATA /NAKADA

中田《なかた／なかだ》

「中央にある田」を意味する方位由来の名字。富山県、石川県に多く見られます。

第117位 KAWAGUCHI

川口《かわぐち》

「河口や川への出入り口」を意味する地形由来の名字。全国各地に分布。

第118位 HIRATA

平田《ひらた》

地名由来の名字で各地に発祥。山陽地方から福岡県にかけて多く見られます。

第119位 KAWASAKI

川崎《かわさき》

川が海に注ぐ部分や蛇行する川のせり出した岸などを意味する地形由来の名字。

第120位 YOSHIKAWA

吉川《よしかわ》

「恵みをもたらす川」の意。また、「葦」を「ヨシ」と言い換え、「ヨシの茂る川」の意。

第121位 HONDA

本田《ほんだ》

「新しい田に対しての本田」の意。九州、北陸、東北南部などに多く見られます。

第122位 KUBOTA

久保田《くぼた》

「窪地にある田」の意味で「窪」を縁起のいい「久保」に変えた名字。

第123位 IIDA

飯田《いいだ》

地名に由来する名字で関東から東海に多く、千葉県北部から茨城県南部に集中。

第124位 SAWADA

沢田《さわだ》／澤田

地名に由来する名字。愛知県の知多半島や北海道函館市に集中。

第125位 WATANABE

渡部《わたなべ》

「渡辺」と同じ発祥。摂津国渡辺を「渡部」と書いた例などがあります。

第126位 TSUJI

辻《つじ》

「道が交差する場所」の意。西日本では山の頂上や峰を「辻」と呼ぶことも。

第127位 SEKI

関《せき》／關

各所の関所があるところから発生した名字。川の堰に由来するものもあります。

第128位 YOSHIMURA

吉村《よしむら》

西日本に多く見られ、奈良県の大和高田市や御所市など葛城地方に集中しています。

第129位 IWATA

岩田《いわた》

各地にある地名由来の名字ですが、愛知県と岐阜県の県境付近に多く見られます。

第130位 NAKANISHI

中西《なかにし》

方位に由来する名字で各地に分布しますが、奈良県北部から和歌山県北部に集中。

第131位 HATTORI

服部《はっとり》

職業由来の名字で服織部が元。三重県を中心に東海3県と岐阜県に多いです。(→P47)

第132位 HIGUCHI

樋口《ひぐち》

「樋」は水を流す仕組みのことで、その取水口が「樋口」。これが地名、名字に。

第133位 FUKUSHIMA

福島《ふくしま》

関東、山陰、九州に多く、中でも埼玉県北部に非常に多い名字。

第134位 KAWAKAMI

川上《かわかみ》

「川の上流」を意味し、各地で発生。島根県と岡山県に多い名字。

第135位 NAGAI

永井《ながい》

東海から関東にかけて多い名字。群馬県、新潟県、愛知県によく見られます。

第136位 MATSUOKA

松岡《まつおか》

「松の生えている岡」の意味。西日本の名字で高知県と熊本県に多く見られます。

第137位 TAGUCHI

田口《たぐち》

「田への水の取り入れ口」の意味。古代豪族にも見られ、秋田県、岐阜県に集中。

第138位 YAMANAKA

山中《やまなか》

「山の中」の意味。高知県では10位と多く、関西や北関東にも多く見られます。

第139位 MORIMOTO

森本《もりもと》

関西から中国、四国地方に多く、奈良県では10位と非常によく見られます。

第140位 TSUCHIYA

土屋《つちや》

地名由来の名字で相模国余綾郡中村荘土屋（神奈川県平塚市）発祥の一族が有名。

第141位 YANO

矢野《やの》

「やち（湿地）」と「野」を合わせた地形に由来する名字。西日本に広く分布。

第142位 HIROSE

広瀬《ひろせ》／廣瀬

「広い、川の流れが速い部分」を意味する地形由来の名字。山梨県に多く見られます。

第143位 AKIYAMA

秋山《あきやま》

甲斐国巨摩郡秋山村（山梨県南アルプス市）発祥の武田家臣の一族が有名。

第144位 ISHIHARA

石原《いしはら》

各地の地名に由来し、古代から見られる名字。中国地方や、愛知県から岐阜県に集中。

第145位 MATSUSHITA

松下《まつした》

地名由来の名字で静岡県と鹿児島県に多く見られ、静岡中部に集中。

第146位 OOHASHI

大橋《おおはし》

橋は重要な目印になり、その大きなものに由来。東海地方に多く見られます。

第147位 OZAWA

小沢《おざわ》／小澤

武蔵国橘樹郡小沢郷（神奈川県川崎市）発祥の小沢氏は『吾妻鏡』にも登場。

第148位 MATSUURA

松浦《まつうら》

水軍の松浦党は嵯峨源氏渡辺綱の子孫とされ、松浦党の末裔とする家も残ります。

第149位 YOSHIOKA

吉岡《よしおか》

関西から中国、四国にかけての名字で、奈良県では特に多く見られます。

第150位 BABA

馬場《ばば》

「馬の調練をする場所」の意で各地で発生。京都府や滋賀県では「ばんば」と読みます。

第151位 KOIKE

小池《こいけ》

長野県を中心に東海、関東甲信越に多い名字。長野県の諏訪地域に集中。

第152位 ASANO

浅野《あさの》／淺野

美濃国土岐郡浅野村（岐阜県土岐市）発祥。清和源氏土岐氏の一族です。

第153位 ARAKI

荒木《あらき》

「新しく開墾した土地」を意味し、長崎県から熊本県にかけて多く見られます。

第154位 OOKUBO

大久保《おおくぼ》

茨城県南部、東京都多摩地区から神奈川県相模原市にかけて多い名字。

第155位 NODA

野田《のだ》

地名に由来し、各地で発祥。特に九州北部と東海地方によく見られます。

第156位 KUMAGAI

熊谷《くまがい》

武蔵国大里郡熊谷郷（埼玉県熊谷市）発祥。桓武平氏の熊谷直実が知られます。

第157位 TANABE

田辺《たなべ》／田邊

由来が複数あり、古代、朝廷の田を耕作した「田部」に由来する名字が多いようです。

第158位 KAWAMURA

川村《かわむら》

「川沿いの村」を意味する地形由来の名字。高知県では9位と多く見られます。

第159位 HOSHINO

星野《ほしの》

北関東から新潟県にかけて多い名字で、特に群馬県東部から北部に集中。

第160位 KURODA

黒田《くろだ》

黒田官兵衛は元姫路城主でしたが、発祥は近江国伊香郡黒田（滋賀県長浜市）です。

第161位 HORI

堀《ほり》

地形由来の名字で岐阜県から富山県にかけて多く、特に岐阜県南部に集中。

第162位 OZAKI

尾崎《おざき》

愛知県から九州北部にかけて広く分布。特に和歌山県と高知県に多い。

第163位 MOCHIZUKI

望月《もちづき》

信濃国佐久郡望月（長野県佐久市）発祥の滋野氏から分かれた一族が有名。

第164位 NAGATA

永田《ながた》

近江国高島郡永田（滋賀県高島市永田）発祥の宇多源氏の高島氏の支族が有名。

第165位 NAITOU

内藤《ないとう》

内舎人となった藤原氏の末裔。源頼朝に従った内藤盛家を祖とするようです。

第166位 MATSUMURA

松村《まつむら》

関西から中国地方にかけて多い名字。特に山口県に多く下松市に集中。

第167位 NISHIYAMA

西山《にしやま》

地形に由来し全国にまんべんなく分布。比較的関西から四国に多く見られます。

第168位 OOTANI

大谷《おおたに》

地形に由来する名字で全国にありますが、東北、九州には少ないようです。

第169位 HIRAI

平井《ひらい》

近江国発祥の清和源氏の平井氏が有名。富山県に多く見られます。

第170位 OOSHIMA

大島《おおしま》

地名由来で各地に見られますが、特に栃木県北部に集中しています。

第171位 IWAMOTO

岩本《いわもと》

全国に分布している名字で西日本に多く、東北、沖縄は少ない方です。

第172位 KATAYAMA

片山《かたやま》

備前国巨勢荘（岡山県高梁市）の地頭から赤松氏に属した一族が知られます。

第173位 HONMA

本間《ほんま》

新潟県から山形県にかけて集中し、特に佐渡に多い名字。相模の横山党支族が有名。

第174位 HAYAKAWA

早川《はやかわ》

甲斐国巨摩郡早川（山梨県南巨摩郡早川町）発祥の清和源氏武田の支族が有名。

第175位 YOKOTA

横田《よこた》

各地の地名に由来。武田、徳川に仕え、旗本になった一族は近江国発祥です。

第176位 OKAZAKI

岡崎《おかざき》

「岡の先端」を意味する地形由来の名字。中国、四国地方に多く見られます。

第177位 ARAI

荒井《あらい》

「廃止された水汲み場」の意味で、流れがよく変わった利根川流域に見られます。

第178位 OOISHI

大石《おおいし》

各地の地名に由来。大石内蔵助の家は近江国栗太郡大石荘（滋賀県大津市）発祥。

第179位 KAMATA

鎌田《かまた》

地名に由来する名字で藤原北家首藤氏から出た源義朝の郎党・鎌田政清が有名です。

第180位 NARITA

成田《なりた》

武蔵国幡羅郡成田（埼玉県熊谷市）発祥の成田氏が有名。忍城の戦国大名です。

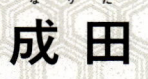

第181位 MIYATA

宮田《みやた》

「神社の所有する田」の意味で、これに関わった人が名字とした例が多いようです。

第182位 ODA

小田《おだ》

常陸国発祥で常陸守護の小田氏が有名ですが、現在は山陽から九州北部に見られます。

第183位 ISHIBASHI

石橋《いしばし》

地形由来で石の橋に関係。福岡県から佐賀県にかけてと島根県によく見られます。

第184位 SHINOHARA

篠原《しのはら》

地形に由来する名字で、四国、甲信越、北関東によく見られる名字です。

第185位 SUTOU / SUDOU

須藤《すとう／すどう》

「那須の藤原氏」の意。藤原秀郷の一族である那須氏から分かれたものです。

第186位 KOUNO

河野《こうの》

伊予国風早郡河野郷（愛媛県松山市）発祥で古代豪族の越智氏の一族です。

第187位 OOSAWA

大沢／大澤《おおさわ》

地形に由来し、埼玉県北部から群馬県にかけてと岩手県久慈市、長野県松本市に集中。

第188位 KONISHI

小西《こにし》

「西側に分かれた小集落」の意。商家が多く、小西行長も堺商人の出身です。

第189位 TAKAYAMA

高山《たかやま》

地名に由来。関東から長野県によく見られます。高山右近は摂津国の出身。

第190位 MINAMI

南《みなみ》

方位に由来し、中心から南方にあった集落を指しました。大阪府南部に集中。

第191位 KURIHARA

栗原《くりはら》

関東地方の名字で埼玉県から群馬県東部によく見られます。渡来系古代豪族にも存在。

第192位 ITOU

伊東《いとう》

伊豆国田方郡伊東（静岡県伊東市）発祥で藤原南家工藤氏の一族です。

第193位 MATSUBARA

松原《まつばら》

愛知県北部から岐阜県南部、香川県高松市や鳥取県米子市、山口県下関市に集中。

第194位 MIYAKE

三宅《みやけ》

備中国児島郡三宅郷（岡山県玉野市）発祥で児島高徳の子孫が有名です。

第195位 FUKUI

福井《ふくい》

関西から鳥取県に多い名字で、奈良県北部、京都府北部、鳥取県倉吉市に集中。

第196位 OOMORI

大森《おおもり》

各地の地名に由来。岡山県や山梨県の都留地方によく見られる名字です。

第197位 OKUMURA

奥村《おくむら》

「奥にある村」の意味で方位に由来する名字。織田、前田に仕えた加賀藩家老が有名。

第198位 OKA

岡《おか》

地形に由来する名字で古代豪族にもあります。中国・四国地方によく見られます。

第199位 UCHIYAMA

内山《うちやま》

遠江国浜名郡内山（静岡県湖西市）発祥の内山党は徳川家康に敗れています。

第200位 KATAOKA

片岡《かたおか》

大和国発祥の一族と上野国発祥で土佐国に移った一族が有名。現在も高知県に集中。

第201位	MATSUNAGA	松永《まつなが》
第202位	KUWABARA	桑原《くわばら》
第203位	SEKIGUCHI	関口《せきぐち》
第204位	KITAGAWA	北川《きたがわ》
第205位	OKUDA	奥田《おくだ》
第206位	TOMITA	富田《とみた》
第207位	KOGA	古賀《こが》
第208位	YAGI	八木《やぎ》
第209位	YOSHINO	吉野《よしの》
第210位	NAKAZAWA	中沢／中澤《なかざわ》
第211位	UEHARA	上原《うえはら》
第212位	SHIRAISHI	白石《しらいし》
第213位	IMAMURA	今村《いまむら》
第214位	NAKAO	中尾《なかお》
第215位	KOIZUMI	小泉《こいずみ》
第216位	KAWASHIMA	川島《かわしま》
第217位	AOYAMA	青山《あおやま》
第218位	HIRAYAMA	平山《ひらやま》
第219位	MAKINO	牧野《まきの》
第220位	OKAMURA	岡村《おかむら》
第221位	KAWANO	河野《かわの》
第222位	TERADA /TERATA	寺田《てらだ／てらた》
第223位	KAWAI	河合《かわい》
第224位	KODAMA	児玉／兒玉《こだま》
第225位	SAKAGUCHI	坂口《さかぐち》
第226位	NISHI	西《にし》
第227位	OOYAMA	大山《おおやま》
第228位	SHIBUYA	渋谷／澁谷《しぶや》
第229位	TADA	多田《ただ》
第230位	ONODERA	小野寺《おのでら》
第231位	MIYASHITA	宮下《みやした》
第232位	TAKEDA	竹田《たけだ》
第233位	OGURA	小倉《おぐら》
第234位	ADACHI	足立《あだち》
第235位	OGASAWARA	小笠原《おがさわら》
第236位	SAKAI	坂井《さかい》
第237位	MURAYAMA	村山《むらやま》
第238位	AMANO	天野《あまの》
第239位	SUGIURA	杉浦《すぎうら》
第240位	HIGASHI	東《ひがし》
第241位	SAKATA	坂田《さかた》
第242位	TOYOTA /TOYODA	豊田《とよた／とよだ》
第243位	MIZUTANI	水谷《みずたに》
第244位	MUTOU	武藤《むとう》
第245位	HAGIWARA	萩原《はぎわら》
第246位	NEMOTO	根本《ねもと》
第247位	SEKINE	関根《せきね》
第248位	MORISHITA	森下《もりした》
第249位	NAKAI	中井《なかい》
第250位	KAWAMURA	河村《かわむら》
第251位	KANNO	菅野《かんの》
第252位	UEDA/UETA	植田《うえだ／うえた》
第253位	TSUKAMOTO	塚本《つかもと》
第254位	IIZUKA	飯塚《いいづか》
第255位	SAKUMA	佐久間《さくま》
第256位	TAJIMA	田島《たじま》
第257位	MAEKAWA	前川《まえかわ》
第258位	YAMANE	山根《やまね》
第259位	ASAI	浅井《あさい》
第260位	ABE	安部《あべ》

第261位	SHIRAI	白井《しらい》
第262位	MIYAGAWA /MIYAKAWA	宮川《みやがわ／みやかわ》
第263位	OKABE	岡部《おかべ》
第264位	KANDA	神田《かんだ》
第265位	OOKAWA	大川《おおかわ》
第266位	TANI	谷《たに》
第267位	HORIUCHI	堀内《ほりうち》
第268位	INAGAKI	稲垣《いながき》
第269位	WAKABAYASHI	若林《わかばやし》
第270位	MATSUZAKI	松崎《まつざき》
第271位	ENOMOTO	榎本《えのもと》
第272位	MORIYAMA	森山《もりやま》
第273位	HATAKEYAMA	畠山《はたけやま》
第274位	HOSOKAWA	細川《ほそかわ》
第275位	EGUCHI	江口《えぐち》
第276位	OIKAWA	及川《おいかわ》
第277位	NISHIO	西尾《にしお》
第278位	MIKAMI	三上《みかみ》
第279位	KANAZAWA	金沢／金澤《かなざわ》
第280位	ADACHI	安達《あだち》
第281位	TASHIRO	田代《たしろ》
第282位	ISHIZUKA	石塚《いしづか》
第283位	IIJIMA	飯島《いいじま》
第284位	DOI	土井《どい》
第285位	TSUDA	津田《つだ》
第286位	KAMIYA	神谷《かみや》
第287位	ARAKAWA	荒川《あらかわ》
第288位	NAKAHARA	中原《なかはら》
第289位	TODA	戸田《とだ》
第290位	KISHIMOTO	岸本《きしもと》
第291位	NAGAO	長尾《ながお》
第292位	KONNO	今野《こんの》
第293位	HONDA	本多《ほんだ》
第294位	TAKIZAWA	滝沢／瀧澤《たきざわ》
第295位	MORIKAWA	森川《もりかわ》
第296位	MIYOSHI	三好《みよし》
第297位	NAKAJIMA	中嶋《なかじま》
第298位	MURAMATSU	村松《むらまつ》
第299位	HOSHI	星《ほし》
第300位	KANAI	金井《かない》
第301位	OKANO	岡野《おかの》
第302位	INABA	稲葉《いなば》
第303位	MATSUYAMA	松山《まつやま》
第304位	KAI	甲斐《かい》
第305位	NISHIOKA	西岡《にしおか》
第306位	IWAI	岩井《いわい》
第307位	FUJISAWA	藤沢／藤澤《ふじさわ》
第308位	KUROKI	黒木《くろき》
第309位	TSUTSUMI	堤《つつみ》
第310位	OCHIAI	落合《おちあい》
第311位	KANEDA	金田《かねだ》
第312位	IZUMI	泉《いずみ》
第313位	NOZAKI	野崎《のざき》
第314位	HIROTA	広田／廣田《ひろた》
第315位	MACHIDA	町田《まちだ》
第316位	YOSHIZAWA	吉沢／吉澤《よしざわ》
第317位	NISHINO	西野《にしの》
第318位	AZUMA	東《あずま》
第319位	MIYAZAWA	宮沢／宮澤《みやざわ》
第320位	YAMAGISHI	山岸《やまぎし》

第321位	TOKUNAGA	徳永《とくなが》
第322位	OHARA /OBARA	小原《おはら／おばら》
第323位	FURUTA	古田《ふるた》
第324位	YANAGISAWA	柳沢／柳澤《やなぎさわ》
第325位	KUROKAWA	黒川《くろかわ》
第326位	TSUCHIDA	土田《つちだ》
第327位	KAWADA /KAWATA	川田《かわだ／かわた》
第328位	YAMAKAWA	山川《やまかわ》
第329位	SUGITA	杉田《すぎた》
第330位	NITTA	新田《にった》
第331位	KASAHARA	笠原《かさはら》
第332位	MURAI	村井《むらい》
第333位	MIKI	三木《みき》
第334位	OKUYAMA	奥山《おくやま》
第335位	SUDA	須田《すだ》
第336位	KUROSAWA	黒沢／黒澤《くろさわ》
第337位	OOTAKE	大竹《おおたけ》
第338位	UMEDA	梅田《うめだ》
第339位	NAKATANI	中谷《なかたに》
第340位	NONAKA	野中《のなか》
第341位	HORIE	堀江《ほりえ》
第342位	HOTTA	堀田《ほった》
第343位	YONEDA	米田《よねだ》
第344位	KISHI	岸《きし》
第345位	KAWABATA	川端《かわばた》
第346位	OOMURA	大村《おおむら》
第347位	HIDAKA	日高《ひだか》
第348位	NISHIMOTO	西本《にしもと》
第349位	NAGASAWA	長沢／長澤《ながさわ》
第350位	IGUCHI	井口《いぐち》
第351位	OOKI	大木《おおき》
第352位	MUKAI	向井《むかい》
第353位	SAKAKIBARA	榊原《さかきばら》
第354位	OOBA	大場《おおば》
第355位	TAKENAKA	竹中《たけなか》
第356位	FUJIKAWA	藤川《ふじかわ》
第357位	MATSUSHIMA	松島《まつしま》
第358位	KAWAHARA	川原《かわはら》
第359位	YASUI	安井《やすい》
第360位	YOSHIMOTO	吉本《よしもと》
第361位	NISHIZAWA	西沢／西澤《にしざわ》
第362位	OOUCHI	大内《おおうち》
第363位	FUKAZAWA	深沢／深澤《ふかざわ》
第364位	SHOUJI	庄司《しょうじ》
第365位	TAKESHITA	竹下《たけした》
第366位	FUJIOKA	藤岡《ふじおか》
第367位	FUKUMOTO	福本《ふくもと》
第368位	TSUKADA	塚田《つかだ》
第369位	FUJIMURA	藤村《ふじむら》
第370位	TANIGAWA	谷川《たにがわ》
第371位	UNO	宇野《うの》
第372位	TAKEMOTO	竹本《たけもと》
第373位	YOSHIHARA	吉原《よしはら》
第374位	MIYAUCHI	宮内《みやうち》
第375位	OKUNO	奥野《おくの》
第376位	TAKASHIMA	高島《たかしま》
第377位	OGATA	緒方《おがた》
第378位	UEMURA	上村《うえむら》
第379位	SHIMODA	下田《しもだ》
第380位	KUBOTA	窪田《くぼた》

位	ローマ字	ふりがな	漢字
第421位	MIZOGUCHI	みぞぐち	溝口
第422位	SHINOZAKI	しのざき	篠崎
第423位	TOMINAGA	とみなが	富永
第424位	KITAHARA	きたはら	北原
第425位	OSADA	おさだ	長田
第426位	YAMAOKA	やまおか	山岡
第427位	OCHI	おち	越智
第428位	HAMAGUCHI	はまぐち	浜口／濱口
第429位	ASADA	あさだ	浅田
第430位	OOTA	おおた	大田
第431位	YANAGIDA	やなぎだ	柳田
第432位	TAKEI	たけい	武井
第433位	NAGANO	ながの	永野
第434位	TSURUTA	つるた	鶴田
第435位	IRIE	いりえ	入江
第436位	YUASA	ゆあさ	湯浅
第437位	SOUMA	そうま	相馬
第438位	ISHIYAMA	いしやま	石山
第439位	HORIKAWA	ほりかわ	堀川
第440位	NINOMIYA	にのみや	二宮

位	ローマ字	ふりがな	漢字
第401位	KOTANI／KODANI	こたに／こだに	小谷
第402位	AOYAGI	あおやぎ	青柳
第403位	OGINO	おぎの	荻野
第404位	KOMORI	こもり	小森
第405位	DEGUCHI	でぐち	出口
第406位	INADA	いなだ	稲田
第407位	TAKASE	たかせ	高瀬
第408位	TSUTSUI	つつい	筒井
第409位	OOSHIRO	おおしろ	大城
第410位	YOKOI	よこい	横井
第411位	FUKUOKA	ふくおか	福岡
第412位	TAHARA	たはら	田原
第413位	TSUNODA	つのだ	角田
第414位	HAYASHIDA	はやしだ	林田
第415位	FUKUNAGA	ふくなが	福永
第416位	KAJIWARA	かじわら	梶原
第417位	OOHARA	おおはら	大原
第418位	HIRAMATSU	ひらまつ	平松
第419位	NAGAOKA	ながおか	長岡
第420位	MIYAGI	みやぎ	宮城

位	ローマ字	ふりがな	漢字
第381位	KURITA	くりた	栗田
第382位	SAEKI	さえき	佐伯
第383位	KITANO	きたの	北野
第384位	ISHIGURO	いしぐろ	石黒
第385位	AIZAWA	あいざわ	相沢／相澤
第386位	NOZAWA	のざわ	野沢／野澤
第387位	KAMEI	かめい	亀井
第388位	YAMAMURA	やまむら	山村
第389位	HIRAKAWA	ひらかわ	平川
第390位	FUJINO	ふじの	藤野
第391位	MIWA	みわ	三輪
第392位	NIWA	にわ	丹羽
第393位	SHIMOMURA	しもむら	下村
第394位	TAKEMURA	たけむら	竹村
第395位	MIYAHARA	みやはら	宮原
第396位	NAGANO	ながの	長野
第397位	SHIMADA	しまだ	嶋田
第398位	KAWAMOTO	かわもと	川本
第399位	NAGASHIMA	ながしま	長島
第400位	TAKAI	たかい	高井

第481位 MORIOKA 森岡《もりおか》

第482位 KASHIWAGI 柏木《かしわぎ》

第483位 KAWAHARA 河原《かわはら》

第484位 YOSHII 吉井《よしい》

第485位 SHIMAZAKI /SHIMASAKI 島崎《しまざき／しまさき》

第486位 HATANAKA 畑中《はたなか》

第487位 NAKAMOTO 中本《なかもと》

第488位 KITAJIMA 北島《きたじま》

第489位 SHIRAKAWA 白川《しらかわ》

第490位 IWASE 岩瀬《いわせ》

第491位 MITANI 三谷《みたに》

第492位 OOSAKI 大崎《おおさき》

第493位 AKIMOTO 秋元《あきもと》

第494位 HARAGUCHI 原口《はらぐち》

第495位 OOI 大井《おおい》

第496位 AKITA 秋田《あきた》

第497位 YONEYAMA 米山《よねやま》

第498位 FUKUYAMA 福山《ふくやま》

第499位 KIHARA 木原《きはら》

第500位 KAWABATA 川畑《かわばた》

第461位 MATSUZAWA 松沢／松澤《まつざわ》

第462位 KASAI 笠井《かさい》

第463位 NEGISHI 根岸《ねぎし》

第464位 KATAGIRI 片桐《かたぎり》

第465位 TABATA 田畑《たばた》

第466位 OOTSUKI 大槻《おおつき》

第467位 TOMITA 冨田《とみた》

第468位 SHIMURA 志村《しむら》

第469位 HAMANO 浜野／濱野《はまの》

第470位 KURATA 倉田《くらた》

第471位 KANOU 加納《かのう》

第472位 HINO 日野《ひの》

第473位 NISHIHARA 西原《にしはら》

第474位 KOSAKA 小坂《こさか》

第475位 YAJIMA 矢島《やじま》

第476位 FUKUHARA 福原《ふくはら》

第477位 MURASE 村瀬《むらせ》

第478位 HORIGUCHI 堀口《ほりぐち》

第479位 MATSUNO 松野《まつの》

第480位 TOKUDA 徳田《とくだ》

第441位 SONODA 園田《そのだ》

第442位 TAKAMATSU 高松《たかまつ》

第443位 TEZUKA 手塚《てづか》

第444位 USUI 臼井《うすい》

第445位 NUMATA 沼田《ぬまた》

第446位 OOHIRA 大平《おおひら》

第447位 KAWANO 川野《かわの》

第448位 SHINODA 篠田《しのだ》

第449位 ISHIZAKI 石崎《いしざき》

第450位 KAMIMURA 上村《かみむら》

第451位 IKEGAMI 池上《いけがみ》

第452位 HAMASAKI 浜崎／濱崎《はまさき》

第453位 HIGA 比嘉《ひが》

第454位 HIRAOKA 平岡《ひらおか》

第455位 KINJO 金城《きんじょう》

第456位 HANADA 花田《はなだ》

第457位 TANIMOTO 谷本《たにもと》

第458位 KOIDE 小出《こいで》

第459位 SUGIHARA 杉原《すぎはら》

第460位 SETO 瀬戸《せと》

監修：森岡浩（もりおか・ひろし）

1961年高知県生まれ。姓氏研究家。早稲田大学政経学部卒業。学生時代から独学で名字の研究をはじめる。長い歴史をもち、不明なことも多い名字の世界を、歴史学や地名学、民俗学などさまざまな分野からの多角的なアプローチで追求し、文献だけにとらわれない実証的研究を続けている。主な著書に「全国名字大辞典」（東京堂出版）「なんでもわかる日本人の名字」（朝日文庫）「あなたの知らない名字の秘密」シリーズ（洋泉社歴史新書）など多数。

知っておきたい

日本の名字

名字の歴史は日本の歴史

2015年3月10日　第一版第一刷発行

発行人　角 謙二
編集人　山本道生
編集　木内真歩
　加藤三恵子
構成・執筆　新宮 聡
イラスト　カワチ・レン
発行・発売　株式会社枻（えい）出版社
〒158-0096 東京都世田谷区玉川台2-13-2
販売部 03-3708-5181
印刷・製本　大日本印刷株式会社

デザイン　ピークス株式会社

ISBN978-4-7779-3536-9
定価はカバーに表示してあります。
万一、落丁・乱丁の場合は、お取り替え致します。

for tasty life
枻出版社